28 États membres de l'Union européenne

Allemagne, **Autriche**, **Belgique**, Bulgarie, **Chypre**, Croatie, Danemark, **Espagne**, **Estonie**, **Finlande**, **France**, **Grèce**, Hongrie, **Irlande**, **Italie**, **Lettonie**, **Lituanie**, **Luxembourg**, **Malte**, Pays-Bas, Pologne, **Portugal**, République tchèque, Roumanie, Royaume-Uni, **Slovaquie**, **Slovénie**, Suède

＊太字はユーロ圏。イギリスは離脱に向けて交渉中（2019年）

La Grammaire Active du Français

Pour une initiation au plurilinguisme et au pluriculturalisme

Mitsuru Ohki

Noriyuki Nishiyama

Jean-François Graziani

Troisième édition

Editions ASAHI

はじめに

▶ このテキストの特徴

　なぜ英語以外の外国語を学ぶ必要があるのでしょうか。コミュニケーションの道具としてだけなら，グローバル化した現代社会ではたいていの場合は英語だけで十分なはずです。言葉にはそれを使う人々の文化が反映されています。また，言葉を習得すれば，それを使う人々の住んでいる国や彼らの考え方についてもっと深く知ることができます。ですから，数多くの言語（複言語）の学習を通じて，数多くの文化（複文化）を知ることは，世界の「多様性」を理解し，異文化に「寛容」の精神で接することができるようになるためにとても大切なのです。

1）文法で複言語・複文化

　　フランス語でコミュニケーションをするのに必要な文法事項を学びながら，複言語・複文化についても考えてみるようになっています。

2）ネットでも自律学習

　　外国語をマスターするコツのひとつは，学習時間をできるだけ長くすることです。授業時間だけでは，フランス語の文法をマスターすることはできません。第2課からは，授業時間外にもネット上で自律学習するようになっています。

3）ポートフォリオを作成

　　効果的に長く学習を続けるためには，たえず自分の学習をふりかえってみる必要があります。それにはポートフォリオを作成するのが有効です。

▶ 各課の構成

　全体は 20 課からなっております。各課は，冒頭の複言語・複文化に関係している「テキスト」と文法事項の説明と練習問題で構成されています。各課の前半の 2 ページと 4 ページ目は教室で先生とともに学習し，3 ページ目は教室外で自律学習しましょう。

　第 2 課からの各課の 4 ページ目は「つながろう，世界中の人々と！」というタイトルがついていて，「言語への目覚めクイズ」と「読んで，話して，世界中の人々とフランス語でつながろう！」というコーナーがあります。フランス語学習をつうじて，世界にはさまざま言語があること，さまざまな文化があることを学びましょう。相手を知ること，理解することは，相手を敬うことにつながります。

　それでは，フランス語とフランス語圏アドベンチャーに出発することにしましょう。

　有益な助言をしてくださった Marguerite Marie Parvulesco 先生，増田一夫先生，相田淑子先生に深く感謝します。

編者

TABLE DES MATIERES 目次

TABLE DES MATIERES | 目次

付録：動詞活用表
　　　ポートフォリオ

音声はこちら

https://text.asahipress.com/free/french/gaf3/index.html

テキスト準拠HPはこちら

https://text.asahipress.com/text-web/france/active_call/

三訂版

グラメール アクティーヴ

― 文法で複言語・複文化 ―

ウォームアップ **1** 発音してみよう

■ 発音できるかな？

Paris métro cinéma croissant café au lait

beaujolais nouveau déjà-vu surréalisme

LOUIS VUITTON YvesSaintLaurent

1 子音

フランス語には 17 の子音があるが，[r] 以外は，
英語や日本語の子音に似ている。

* 破裂音 [p][b][t][d][k][g]
　摩擦音 [s][z][ʃ][ʒ][f][v]
　流音 [l][r]
　鼻音 [m][n][ɲ]

* フランス語の破裂音は英語ほど強く破裂させない。

* [r] の音は舌先を下の前歯の裏につけ，舌の後の部分を持ち上げて発音する。[k], [g] と同じ位置で作る。

Exercice 1 [r]

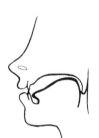

1) [a] → [ag] → art
2) [ga] → [gag] → gare → rare
3) Dior rouge
 Liberté, Égalité, Fraternité
 plurilingue pluriculturel

* 単語のアクセントは最後の音節にある。

2 母音 (CD 3)

フランス語には 16 の母音がある。

1) 口腔母音

舌	前より		後より
唇	丸めない	丸める	
口の開き 狭↑↓広	[i] [e] [ɛ] [a]	[y] [ø] [œ]	[u] [o] [ɔ] [ɑ]

2) 鼻母音

 [ɛ̃] [œ̃] [ɑ̃] [ɔ̃]

* 口腔母音 (12)，鼻母音 (4)
* アクセントがないときには，左図で点線で囲まれている音の区別はあまり明確でなくなる。
* [a] と [ɑ] は区別しなくてよい。
* 口腔母音にはほかに [ə] がある。

* [œ̃] はしばしば [ɛ̃] と発音される。

Exercice **2**　[y]

1) [i] → [y] → [i] → …
2) Dumas　Hugo　Camus　Duras
　déjà-vu　surréalisme　Eluard

Exercice **3**　[ø]

1) [e] → [ø] → [e] → …
2) bleu　monsieur　euro
　l'Europe　l'Union européenne

Exercice **4**　[œ]

1) [ɛ] → [œ] → [ɛ] → …
2) hors-d'œuvre　fleur　bonheur
　Pont-Neuf　Sacré-Cœur

Exercice **5**　[ɛ̃] [ɑ̃] [ɔ̃]

1) [bɛ] → bain [bɛ̃]
2) [bɑ] → banc [bɑ̃]
3) [bo] → bon [bɔ̃]
4) [ɛ̃] → [ɑ̃] → [ɔ̃] → [ɛ̃] …
5) province / Provence
　cinq euros / cent euros
　saint / sans YVES SAINT LAURENT

3　半母音　(CD 4)

[i] → [j]　[y] → [ɥ]　[u] → [w]

Exercice **6**

 [go[l]-tje]

LOUIS VUITTON [lwi-vɥi-tɔ̃]

Exercice **7**　まとめ

– Bonjour, Madame. /bɔ̃ʒuːr madam /
– Bonjour, Monsieur. Vous allez bien ? /bɔ̃ʒuːr məsjø vuzale bjɛ̃ /
– Très bien, merci. Et vous ? /trɛ bjɛ̃ mɛrsi e vu /
– Moi aussi, très bien, merci. /mwa osi trɛ bjɛ̃ mɛrsi /
　* Bonsoir, Madame. /bɔ̃swaːr madam /
　　Au revoir. /orvwaːr /

発音してみよう　I

3

*[y] : [i] を発音しながら，舌は歯茎から離さないで，唇を丸めて [u] の形に近づけてゆく。

*[ø] : [e] を発音しながら，舌は歯茎から離さないで，唇を丸めて [o] の形に近づけていく。

*[œ] : [ɛ] を発音しながら，舌は歯茎から離さないで，唇を丸めて [ɔ] の形に近づけていく。

*口腔だけでなく，鼻腔にも息を送って，口腔と鼻腔の両方で音を響かせて出す。下顎を動かさないで発音するようにする。

*半母音は単独では独立の音節を作れず，常に他の母音といっしょに現れる。

■ 読めるかな？ CD 5

1) *agnès b.*　**ROSSIGNOL**　Champagne
2) Proust　Strasbourg　Louvre
3) **RENAULT**　Rimbaud　Baudelaire
4) Champs-Élysées　Le Mans　Roland-Garros
5) blouson　pantalon

1 アルファベ　Alphabet

A a	B b	C c	D d	E e	F f	G g	H h	I i	J j	K k	L l	M m
[ɑ]	[be]	[se]	[de]	[ə]	[ɛf]	[ʒe]	[aʃ]	[i]	[ʒi]	[kɑ]	[ɛl]	[ɛm]

N n	O o	P p	Q q	R r	S s	T t	U u	V v	W w	X x	Y y	Z z
[ɛn]	[o]	[pe]	[ky]	[ɛːr]	[ɛs]	[te]	[y]	[ve]	[dublǝve]	[iks]	[igrɛk]	[zɛd]

筆記体のアルファベ

$$A\ B\ C\ D\ E\ F\ G\ H\ I\ J\ K\ L\ M$$
$$a\ b\ c\ d\ e\ f\ g\ h\ i\ j\ k\ l\ m$$
$$N\ O\ P\ Q\ R\ S\ E\ U\ V\ W\ X\ Y\ Z$$
$$n\ o\ p\ q\ r\ s\ t\ u\ v\ w\ x\ y\ z$$

Exercice **1**　次の略語を読みなさい。

1) AIEA　国際原子力機関
2) BD　マンガ
3) CNRS　国立科学研究センター
4) JO　オリンピック競技大会
5) ONG　非政府組織
6) RER　首都高速交通網
7) SNCF　フランス国有鉄道
8) TGV　超高速列車

2 綴り字記号 CD 6

´	accent aigu	[ak-sã-te-gy]	é
`	accent grave	[ak-sã-graːv]	à è ù
^	accent circonflexe	[ak-sã-sir-kɔ̃-flɛks]	â ê î ô û
¨	tréma	[tre-ma]	ë ï ü
₅	cédille	[se-dij]	ç
'	apostrophe	[a-pos-trɔf]	je t'aime
-	trait d'union	[trɛ-dy-njɔ̃]	rendez-vous

＊アクサン記号はアクセントとは無関係である。

＊アクサン記号は大文字では省略してもよい。

＊héroïne

＊**COMME des GARÇONS**

＊apostrophe の入るところは切りはなす。

③ 綴り字と発音／母音字 CD 7

1) 単母音字

a, à, â	[a][ɑ]	tarte [tart]　gâteau [gɑto]
e	[無音][ə]	cidre [sidr]　demi [dəmi]
	[e][ɛ]	Perrier [pɛrje]　express [ɛksprɛs]
é	[e]	café [kafe]
è, ê	[ɛ]	bière [bjɛːr]　crêpe [krɛp]
i, î, y	[i]	limonade [limɔnad]　dîner [dine]
		mystère [mistɛːr]
o, ô	[o][ɔ]	bordeaux [bɔrdo]
		côtes [koːt]　du Rhône [roːn]
u, û	[y]	jus [ʒy] de fruits　bûche [byʃ] de Noël

*eの読み方
1) 語頭・語中のe
　a) e + 1 つの子音字 → e は［無音］か [ə]。ただし，ex の e は [ɛ]。
　b) e + 2 つ以上の子音字 → e は [e] か [ɛ]。ただし，子音字 + l (r) は a) の場合と同じ。
　　　　secret [səkrɛ]
2) 語末のe
　a) 単語の終わりにある e → e は［無音］か [ə]
　b) e + 1 つの子音字 → e は [e] か [ɛ]

2) 複母音字

ai, ei	[ɛ]	lait [lɛ]　verveine [vɛrvɛn]
eu, œu	[ø] [œ]	croque-monsieur [mǝsjø]　tilleul [tijœl]
au	[o][ɔ]	saumon [somɔ̃]
eau	[o]	maquereau [makro]
ou, où, oû	[u]	moule [mul]　goût [gu]
oi, oî	[wa]	poisson [pwasɔ̃]

3) 母音字 + n, m

an, am	[ɑ̃]	orange [orɑ̃ːʒ]　pamplemousse [pɑ̃pləmus]
en, em		camembert [kamɑ̃bɛːr]
in, im	[ɛ̃]	importation [ɛ̃pɔrtasjɔ̃] de vin [vɛ̃]
on, om	[ɔ̃]	melon [məlɔ̃]　concombre [kɔ̃kɔ̃ːbr]

*n, m が重なる場合は鼻母音にならない。
sommelier [sɔməlie]
*un, um [ɛ̃] ([œ̃])
parfum [parfɛ̃(œ̃)]
*くわしい発音と綴り字の規則 → 86 ページ

Exercice 2　綴り字と発音との関係を確かめながら読みなさい。

1. un [ɛ̃(œ̃)]　2. deux [dø]　3. trois [trwɑ]　4. quatre [katr]　5. cinq [sɛ̃ːk]
6. six [sis]　7. sept [sɛt]　8. huit [ɥit]　9. neuf [nœf]　10. dix [dis]

Exercice 3　綴り字と発音との関係を確かめながら読みなさい。

Éric : Bonjour.
Laure : Bonjour.
Éric : Je m'appelle Éric.　Et toi, tu t'appelles comment ?
Laure : Laure.

＊現在，フランス語の綴り字の一部は変わりつつあります。2016 年から小学校の教科書では，新正書法が採用されていますが，定着するまでにはまだ時間がかかります。当面は従来の綴り字と新しい綴り字が併用されるものと思われます。

Leçon un

La République française CD 8

La France **est un pays** de l'Union **européenne.**
C'est **une** république. **Elle est indivisible,**
laïque, démocratique et sociale. La devise de
la République française est : « Liberté, Égalité,
Fraternité ».

フランスは EU（欧州連合）に属している国です。フランスは共和国です。不可分で非宗教的，民主的で，社会的です。フランス共和国のスローガンは，自由，平等，友愛です。

La France est un pays de l'Union **européenne.**
フランス語の名詞には「性」があるよ。でも，これってそんなに特殊なことではないんだ。

1 名詞の性と数 CD 9

すべての名詞には文法上の性があり，男性と女性に分けられる。

男性名詞	frère	hôtel	Japon	pays
女性名詞	sœur	église	France	union

男性名詞か女性名詞かは，単語の語尾でだいたいわかる。

> 女性名詞の大部分は -e で終わっている。
> 男性名詞の大部分は -e 以外で終わっている。

複数形の大部分は，単数形に s をつければできる。
frère → frères

＊人や動物をあらわす名詞は，原則として自然の性と文法上の性が一致する。それ以外の名詞の性は文法上の約束事として決められている。

＊ -ion, -té, -aison で終わっている名詞も女性名詞。
＊ -age, -aire, -isme で終わってる名詞も男性名詞。
＊複数語尾の s は発音しない。
＊複数形の作り方，もっとくわしくは→ 47 ページ

Exercice 1

次の単語を男性名詞と女性名詞に分けなさい。

aéroport	atelier	café	Canada	château	crêpe	dictionnaire	égalité
garçon	lampe	mariage	pensée	saison	salade	science	télévision

La France est un pays de l'Union **européenne.**
la, un, l' は冠詞だよ。冠詞のない日本語は特殊な言語？

② 冠詞

名詞につける冠詞は，名詞の性と数によって異なる。

不定冠詞

un + 男性単数名詞 **une** + 女性単数名詞 **des** + 男・女性複数名詞

un frère	une sœur	des frères	des sœurs
un hôtel	une église	des hôtels	des églises

＊部分冠詞については →
35 ページ

＊不定冠詞と定冠詞の使い分け
については → 43 ページ

＊ un と hôtel，des と hôtels，
des と églises はリエゾンす
る。→ 88 ページ

＊ une と église はアンシェヌマ
ンする。→ 88 ページ

> **Exercice ②**
>
> （　　　）内に適当と思われる不定冠詞を入れなさい。
>
> 1) (　　　) orange　　4) (　　　) citron　　7) (　　　) cerises
> 2) (　　　) pêche　　5) (　　　) pomme　　8) (　　　) abricots
> 3) (　　　) melon　　6) (　　　) fraises　　9) (　　　) poire

定冠詞

le + 男性単数名詞 **la** + 女性単数名詞 **les** + 男・女性複数名詞

le frère	la sœur	les frères	les sœurs
l'hôtel	l'église	les hôtels	les églises

＊ le，la は，母音，無音の h で
始まる単語の前ではエリズィ
オンして l' になる。→
89 ページ

> **Exercice ③**
>
> （　　　）内に適当と思われる定冠詞を入れなさい。
>
> 1) (　　　) théâtre　　4) (　　　) lecture　　7) (　　　) musique
> 2) (　　　) sport　　5) (　　　) arts　　8) (　　　) voyages
> 3) (　　　) équitation　　6) (　　　) histoire　　9) (　　　) jardinage

 La France est un pays de l'Union européenne. ... Elle est indivisible, ...
フランス語の人称代名詞は人以外のものの代わりもするよ。でも，これも ...

③ 主語人称代名詞

私は	きみは	彼は	彼女は
je (j')	**tu**	**il**	**elle**

私たちは	あなたは	彼らは	彼女らは
nous	**vous**	**ils**	**elles**

Où est l'ordinateur ? – Il est sur la table.
Où est l'imprimante ? – Elle est sous la table.

＊ je の後ろに，母音，無音の
h で始まる単語が来ると，エ
リズィオンして j' になる。

＊ vous は，単数でも用いられ
る。

＊単数の vous は，親しくない
人に対して，親しい人や子供
に対しては tu を用いる。

＊ il est と elle est のアンシェ
ヌマン→ 88 ページ

 La devise de la République française est : « Liberté, Égalité, Fraternité ».
フランス語の動詞は主語の人称と数に応じて変化するよ。これを「活用」と呼ぶんだ。

④ 動詞 être の直説法現在

je **suis**	tu **es**	il **est**	elle **est**
nous **sommes**	vous **êtes**	ils **sont**	elles **sont**

＊事柄を客観的事実として述べるときには，「直説法」を用いる。他に「命令法」，「条件法」，「接続法」がある。

Exercice 4

適当と思われる主語人称代名詞を書きなさい。

1) (　　　) est journaliste.（彼女は）
2) (　　　) sont journalistes.（彼らは）
3) (　　　) suis journaliste.
4) (　　　) sommes journalistes.
5) (　　　) es journaliste.
6) (　　　) êtes journaliste(s).

Exercice 5

適当と思われる être の活用形を書きなさい。

1) Vous (　　　) professeur(s).
2) Elles (　　　) professeurs.
3) Il (　　) professeur.
4) Tu (　　) professeur.
5) Je (　　) professeur.
6) Nous (　　) professeurs.

La devise de la République française est : « Liberté, Égalité, Fraternité ».
フランス語の形容詞の用法は日本語や英語の用法とはかなり違っているよ。

⑤ 形容詞の性と数（1）

形容詞は関係する名詞や代名詞の性と数に一致して変化する。

男性形＋e＝女性形

un **joli** cadeau　　une **jolie** fleur
Il est **intelligent**.　　Elle est **intelligente**.

＊どの名詞や代名詞に一致するのか？
1) 形容詞の後（前）にある名詞
2) 主語の名詞・代名詞

Exercice 6

男性形か女性形の形容詞を書きなさい。

1) Jean est **grand**. Marie aussi, elle est (　　　).
2) Jean est (　　　). Marie aussi, elle est **française**.
3) Le sac de Laure est **noir**. La valise de Marie aussi, elle est (　　　).

単数形＋s＝複数形

un **joli** cadeau　　de(s) **jolis** cadeaux
une **jolie** fleur　　de(s) **jolies** fleurs
Il est **intelligent**.　　Ils sont **intelligents**.
Elle est **intelligente**.　　Elles sont **intelligentes**.

＊綴り字だけでなく，発音も変化する形容詞がある。
grand [grã]　grande [grãd]

＊不定冠詞 des は，＜形容詞＋複数名詞＞の前では de になることがある。

Exercice **7**

petit を適当と思われる形にして書きなさい。

1) des (　　　) garçons　　3) des (　　　) boîtes　　5) un (　　　) bruit
2) des (　　　) filles　　4) une (　　　) maison　　6) des (　　　) chiens

6 名詞につく形容詞の位置

フランス語の形容詞は名詞を修飾する場合，ふつうその名詞の後ろに置く。

原則：名詞＋形容詞　　**(une) fille** blonde

ただし，日常よく使われて，話し手の主観的評価をあらわす短い形容詞 (petit, grand, bon, mauvais, beau, joli, jeune, vieux, etc.) は，ふつう名詞の前に置く。
(une) jolie fille blonde

Exercice **8**

（　　　）の中の名詞と形容詞を用いて，必要ならば形容詞を適当と思われる形にして文を作りなさい。

1) C'est un 　　　　　　　　. (vin ; bon)
2) C'est un 　　　　　　　　. (vin ; français)
3) C'est une 　　　　　　　. (table ; rond)
4) C'est une 　　　　　　　. (table ; petit)

Soyons plurilingues et pluriculturels !

フランス語の成立と名詞の性
l'histoire de la formation de la langue française et le genre du nom

　フランス語は，今のフランスにあたる地域の住民ガリア人（ケルト人）Gaulois, e が話していたガリア語（ケルト語）gaulois，そこに侵攻してきたローマ人のラテン語 latin，そして次にこの地域の支配者になったゲルマン民族のゲルマン語 germanique が混ざって誕生した言語です。その後，10 世紀から 11 世紀にかけてフランク族によってこの地域は国家としてまとめられ，それにともなってフランス語も形を整え，少しずつ現在のフランス語に近づいていきます。

　世界の言語はいくつかの語族にわけられます。フランス語や英語は「インド・ヨーロッパ語族」に属しますが，フランス語はイタリア語，スペイン語などと同じ「イタリック語派」（ロマンス諸語）に，英語はドイツ語，オランダ語などと同じ「ゲルマン語派」に属します。

　インド・ヨーロッパ語族の言語の名詞は大部分文法上の性を持っています。性を持たない英語はこの語族の言語のなかでは例外的な言語ということになります。セム語族のアラビア語やヘブライ語の名詞にも性の区別はあります。

　フランス語は，英語に似ているところもありますが，二つの言語で異なるところはこの文法上の性の有無に多くの場合関係しています。したがって，フランス語をマスターするためには名詞の性の区別を覚えることはとても重要です。

＊フランス語についてもっと知りたい方には，ジャン＝ブノワ・ナドー ＆ ジュリー・バーロウ（2008）『フランス語のはなし』（大修館書店），アントワーヌ・メイエ（2017）『ヨーロッパの言語』（岩波書店）を，名詞の性については，大橋保夫他（1993）『フランス語とはどういう言語か』（駿河台出版社）を薦めます。

Leçon deux

La laïcité

La France est un État laïque. Elle n'a pas de religion officielle. Il y a une majorité de catholiques mais aussi des musulmans, des protestants, des juifs et des bouddhistes. Beaucoup de Français ne pratiquent pas de religion.

CD 15

フランスは非宗教的国家です。国教はありません。一番多いのはカトリック信徒ですが，ムスリム（イスラム教徒），プロテスタント信徒，ユダヤ教徒，仏教徒もいます。多くのフランス人は宗教を実践していません。

La France est un État laïque. Elle n'a pas de religion officielle.
a は不規則動詞 avoir の活用形だよ。不規則動詞は何度も発音して覚えるんだよ。

 動詞 avoir の直説法現在 CD 16

j'ai	tu as	il a	elle a
nous_avons	vous_avez	ils_ont	elles_ont

＊ avoir は英語 have にあたる。

 Exercice **1**

適当と思われる **avoir** の活用形を書きなさい。

1) Elle (　　　) un secret.
2) Ils (　　　) les coordonnées de Christel ?
3) J' (　　　) une question.
4) Nous (　　　) le choix.
5) Tu (　　　) des nouvelles de Pierre ?
6) Vous (　　　) la parole.

Beaucoup de Français ne pratiquent pas de religion.
pratiquent は規則動詞 pratiquer の活用形だよ。規則動詞は活用形の作り方を覚えるんだよ。

 ER 規則動詞の直説法現在 CD 17

不定詞が **-er** という語尾で終わる動詞はわずかな例外を除いてすべて同じように活用する。このような動詞を「ER 規則動詞」と呼ぶ。

＊不定詞（動詞の原形）の語尾は次の 4 種類しかない：
-er / -ir / -oir / -re

danser

je **danse**	tu **danses**	il(elle) **danse**	
nous **dansons**	vous **dansez**	ils(elles) **dansent**	

＊ ER 規則動詞は「第一群規則動詞」とも呼ばれる。
＊ ER 規則動詞の活用の仕方：
1 不定詞の語尾の er を取る
2 活用語尾をつける

Exercice **2**

適当と思われる **aimer** の活用形を書きなさい。

1) Nous (　　　) discuter.　　　　4) Il (　　　) boire.

2) Tu (　　　) cuisiner ?　　　　5) Vous (　　　) manger ?

3) Elles (　　　) lire.　　　　　6) J'(　　　) peindre.

La France est un État laïque. Elle n'a pas de religion officielle.
フランス語の否定文は動詞を二つの表現ではさんで作るんだよ。

③ 否定文（1）

| ne (n') + 動詞 + pas |

Je suis étudiant. → Je **ne** suis **pas** étudiant.

Vous avez le choix. → Vous **n'**avez **pas** le choix.

＊ ne は，母音，無音の h で始まる単語の前ではエリズィオンして n' になる。

＊日常会話では，ne は省略されることがある。

Exercice **3**

次の文を否定文にしなさい。

1) Je suis journaliste. →　　　3) Tu as l'adresse de Jean ? →

2) Elle est étudiante ? →　　　4) Vous avez la parole. →

La France est un État laïque. Elle n'a pas de religion officielle.
世界の言語のなかには，否定文中で冠詞が変化する言語があるよ。フランス語もそうだよ。

④ 否定文の冠詞

否定文中で，直接目的語についている不定冠詞（部分冠詞）は **de** になる.

| 肯定文：主語 + 動詞 + **un (une, des)** + 名詞 |
| → 否定文：主語 + **ne** + 動詞 + **pas** + **de** + 名詞 |

J'ai **des** frères. → Je n'ai pas **de** frères.

＊部分冠詞 → 35 ページ

＊定冠詞は変化しない。

＊直接目的語とは，動詞のすぐ後にくる名詞句のこと：

Il cherche une étudiante.

Il parle à une étudiante.

　　　　　　　（間接目的語）

C'est une étudiante.（属詞）

Exercice **4**

次の文を否定文にしなさい。

1) Je mange une pomme. →　　　3) C'est un livre. →

2) Il chante des chansons. →　　4) Vous aimez le cinéma ? →

Apprenons en autonomie sur le net ! ネットでも自律学習しよう！

1 ER 規則動詞の直説法現在（つづき）

commencer

je **commence**	tu **commences**	il(elle) **commence**
nous **commençons**	vous **commencez**	ils(elles) **commencent**

＊ ER 規則動詞のヴァリアント

Exercice 1

適当と思われる **commencer** の活用形を書きなさい。

1) Nous (　　　) à discuter.　　　　4) Il (　　　) à boire.

2) Tu (　　　) à cuisiner ?　　　　5) Vous (　　　) à manger ?

3) Elles (　　　) à lire.　　　　6) Je (　　　) à peindre.

 Beaucoup de Français **ne pratiquent pas de religion.**
Français のような人をあらわす名詞には男性形と女性形があるんだよ。

2 人をあらわす名詞の男性形と女性形

人をあらわす名詞には，しばしば男性形と女性形がある。

原則：男性形 + **e** ＝ 女性形

＊不定冠詞と定冠詞の使い分けについては → **43** ページ

＊複数形は原則として単数形に s をつけて作る。ただし，この s は発音しない。
étudiants étudiantes

étudiant → étudiante 学生　avocat → avocate 弁護士
employé de bureau → employée de bureau 会社員

Exercice 2

イタリックの表現を適当と思われる形に書き換えなさい。

1) Il est *étudiant*. Elle est (　　　). Ils sont (　　　). Elles sont (　　　).

2) Il est *employé de bureau*. Elle est (　　　).
　Ils sont (　　　). Elles sont (　　　).

1) 男性形＝女性形：professeur médecin

2) -e → そのまま：secrétaire journaliste

3) -eur → -euse：chanteur → chanteuse

4) -er → -ère：cuisinier → cuisinière

5) 語末子音字を重ね + e：musicien → musicienne

＊ -teur → -trice：
acteur → actrice
-f → -ve：
veuf → veuve
-x → -se：
époux → épouse

Soyons plurilingues et pluriculturels! つながろう，世界中の人々と！

> **言語への目覚め クイズ**
>
> 「足」はフランス語で pied と言いますが，イタリア語，オランダ語，スウェーデン語，スペイン語，デンマーク語，ドイツ語，ポルトガル語ではなんと言うのか調べてみましょう。フランス語に近い言語はどれでしょうか。3つあります。
>
> ＊このクイズに答えるには，Google の翻訳機能がおすすめです。Google の検索画面に「Google 翻訳」と入力してください。さまざまな言語に翻訳できます。

■読んで，話して，世界中の人々とフランス語でつながろう！

— *En Corée*, il y a beaucoup de *bouddhistes* mais environ *30 pour cent* de la population sont *chrétiens*.

— Ah bon ! Au Japon, la plupart de la population est bouddhiste et shintoïste en même temps.

— Vous avez deux religions ! C'est inimaginable !

＊いろいろな国の人になって宗教について話してみましょう。

à Taïwan 台湾	à Singapour シンガポール	en Inde インド	au Liban レバノン
taoïste 道教信者	bouddhiste 仏教徒	hindou ヒンズー教徒	musulman イスラム教徒
20%	14%	13%	40%
chrétien キリスト教徒	musulman イスラム教徒		

包摂型書記法　l'écriture inclusive

　フランス語では，職業などをあらわすときに，男性形で代表させることがありますが，近年では性差別解消の立場から，例えば le・la présentateur・rice と書く (le présentateur et la présentatrice と発音します) ように求める動きがあります。

共和国と政教分離　la République et la laïcité

　フランスは「一にして不可分，非宗教的で民主的で社会的な」共和国です。『ロベール・フランス語辞典』は，共和国を「権力がただ一人によって独占されておらず，国家元首 chef d'État が世襲によらないもの」と定義しています。「不可分」indivisible とは法の前に平等な市民から構成されている共同体であることを示し，「非宗教的」laïque とはカトリックをはじめ一切の宗教を公的空間から排除し，信教の自由を私的空間にとどめる考え方で，「民主的」démocratique とは独裁や全体主義を排除した国民主権を意味し，「社会的」sociale とは福祉国家の理念を表明するものです。なかでもフランス共和国の特色は「非宗教性の原理」laïcité にあり，さまざまな出自や宗教をもつ人々が共生する上での原理となっています。

　日本は天皇制を有することから共和国ではなく，「立憲君主制」monarchie constitutionnelle の国家です。

＊この課題について，さらに深く考えたいと思う方には，次の図書を薦めます。
伊達聖伸 (2018)『ライシテから読む現代フランス』岩波新書

3 Leçon trois

CD 22

L'Union européenne et sa politique linguistique
L'Union européenne encourage l'apprentissage des langues vivantes. Chaque citoyen doit apprendre deux langues étrangères en plus de sa langue maternelle. L'apprentissage de la première langue étrangère commence à l'école élémentaire.

欧州連合（EU）は現代語の学習を奨励しています。市民はみな母語のほかに 2 つの外国語を学習しなければなりません。一つ目の外国語学習は小学校から始まります。

> ... apprendre deux langues étrangères en plus de sa langue maternelle.
> sa は英語の his とか her に相当する所有形容詞だよ。用法は英語と違っているので注意！

 所有形容詞

CD 23

どの所有形容詞を使うかは，所有者の人称と数，所有される対象をあらわす名詞の性と数によって決定される。

		所有される対象		
		男性単数	女性単数	複数	英語
所有者	je	**mon**	**ma**	**mes**	my
	tu	**ton**	**ta**	**tes**	your
	il / elle	**son**	**sa**	**ses**	his / her
	nous	**notre**		**nos**	our
	vous	**votre**		**vos**	your
	ils / elles	**leur**		**leurs**	their

＊所有形容詞は，所有者の性に一致するのではなくて，所有される対象（名詞）の性に一致します。
son mari　　sa femme
her husband　his wife

＊ ma, ta, sa は母音字または無音の h の前では mon, ton, son となる。
mon amie　　ton idée
son hypothèse

mon livre 　　**ma** table 　　**mes** livres 　　**mes** tables
notre livre 　**notre** table 　**nos** livres 　　**nos** tables

---

Exercice 1

適当と思われる所有形容詞を書きなさい。
1) 「きみの」（　　　）appartement （　　　）chambre （　　　）livres
2) 「彼の」（　　　）femme （　　　）enfants （　　　）amie
3) 「彼女の」（　　　）histoire （　　　）mari （　　　）fils
4) 「私たちの」（　　　）professeur （　　　）ordinateurs （　　　）université
5) 「あなた（たち）の」（　　　）avocat （　　　）médecins （　　　）secrétaire
6) 「彼女らの」（　　　）robes （　　　）jupe （　　　）chemisier

L'Union européenne encourage l'apprentissage des langues vivantes.
des は de と les が合体したものです。他のラテン系の言語でも同じように合体するよ。

2 前置詞と定冠詞の縮約

1) à の後に定冠詞の le または les がくると，二つは必ず合体する。

à + le → **au**   à + le café   → au café
à + les → **aux**   à + les toilettes → aux toilettes

* 前置詞 à は，「... に，... で」という意味で主に時間や場所をあらわすときに用いる。
aux Champs-Élysées
* à la，à l' は変化しない。

Exercice 2

「〜に住んでいます」という文を作りなさい。

1) J'habite (   ) Japon.
2) Tu habites (   ) campagne ?
3) Elle habite (   ) États-Unis.
4) Nous habitons (   ) cité universitaire.
5) Vous habitez (   ) Pays-Bas ?
6) Ils habitent (   ) rez-de-chaussée.

---

2) de の後に定冠詞の le または les がくると，二つは必ず合体する。

de + le → **du**   de + le cinéma   → du cinéma
de + les → **des**   de + les cinémas → des cinémas

* 前置詞 de は，「... の，... から」という意味で主に用いる。
Côtes du Rhône
* de la，de l' は変化しない

Exercice 3

「〜の近くに住んでいます」という文を作りなさい。

1) J'habite près (   ) banque.
2) Tu habites près (   ) bureau de poste ?
3) Elle habite près (   ) église.
4) Nous habitons près (   ) hôpital.
5) Vous habitez près (   ) Éditions de Minuit ?
6) Ils habitent près (   ) café Les Deux Magots.

---

3 devoir の直説法現在

devoir

je **dois**	tu **dois**	il(elle) **doit**
nous **devons**	vous **devez**	ils(elles) **doivent**

* 動詞活用語尾
単数人称
-e -es -e
-s -s -t
複数人称
-ons -ez -ent

Exercice 4

適当と思われる devoir の活用形を書きなさい。

1) Nous (   ) discuter.
2) Tu (   ) partir ?
3) Elles (   ) manger.
4) Il (   ) travailler.
5) Vous (   ) rentrer ?
6) Je (   ) téléphoner.

 *Apprenons en autonomie sur le net!* ネットでも自律学習しよう！

 所有形容詞（つづき） CD 26

Exercice 1

次の表現をフランス語になおしなさい。

les parents 両親	le père 父	la mère 母	les grands-parents 祖父母

le grand-père 祖父　la grand-mère 祖母　l'enfant 子供　le fils 息子　la fille 娘

1) 彼のお母さん　　3) あなたのご両親　　5) 私の子供たち　　7) 彼らの祖父母

2) 彼女のお父さん　4) あなたがたの娘さん　6) 私たちの祖母　　8) 彼女たちの祖父

 ★ **... apprendre deux langues étrangères en plus de sa langue maternelle.**
形容詞の女性形はいつも「男性形 +e」とはかぎらないよ。

 形容詞の性と数 (2) CD 27

形容詞の女性形には次のようなものもある。

男性形		女性形		例		
1) - e	→	そのまま		jeune	→	jeune
2) - er	→	-ère		léger	→	légère
- et	→	-ète		complet	→	complète
3) - eux	→	-euse		heureux	→	heureuse
4) 語尾の子音字を重ねるもの						
- el	→	-elle		naturel	→	naturelle
- en	→	-enne		ancien	→	ancienne
- on	→	-onne		bon	→	bonne

＊不規則な女性形を持つ形容詞
blanc - blanche
franc - franche
sec - sèche
frais - fraîche
public - publique
grec - grecque
faux - fausse
roux - rousse
doux - douce
long - longue
attentif - attentive
vif - vive
sportif - sportive

Exercice 2

形容詞の女性形を書きなさい。

1) rouge - (　　　　)　　5) blanc - (　　　　)　　9) européen - (　　　　)

2) discret - (　　　　)　6) étranger - (　　　　)　10) long - (　　　　)

3) cruel - (　　　　)　　7) sérieux - (　　　　)

4) bon – (　　　　)　　8) parisien - (　　　　)

 否定文 (2) CD 28

Elle **n'**est **plus** étudiante.　　Il **ne** danse **jamais**.

Nous **n'**aimons **personne**.　　Je **ne** mange **rien**.

Je **ne** suis **ni** étudiant **ni** professeur.

Je **n'**aime **que** le cinéma.

＊ne...plus「もう…ない」;
ne...jamais「決して…ない」;
ne...personne「誰も…ない」;
ne...rien「何も…ない」;
ne...ni A ni B「A も B も…ない」;
ne...que...「…しか…ない」

Soyons plurilingues et pluriculturels!　つながろう，世界中の人々と！

> **言語への目覚め クイズ**
>
> 1. 次の単語は英語でしょうか，それともフランス語でしょうか。
>   orange　fruit　sport　important　simple　　science　bœuf　porc
>   adresse　dictionnaire　musique　bicyclette　exercice
> 2. 英語にはなぜフランス語の単語と似ている単語があるのでしょうか。

■読んで，話して，世界中の人々とフランス語でつながろう！

— Au Japon, on apprend une première langue étrangère
à *l'école élémentaire*. Tous les élèves apprennent
l'anglais.

— Ah bon ! *En Corée* aussi, la plupart des élèves
apprennent l'anglais à *l'école élémentaire*.
On apprend une deuxième langue étrangère au *lycée*.

— Ah bon ! Au Japon, c'est à *l'université*.

＊いろいろな国の人になって外国語教育について話してみましょう。

en Chine 中国	en Thaïlande タイ	en Finlande フィンランド	au Liban レバノン
l'école élémentaire 小学校	le collège 中学校	le lycée 高校	l'université 大学

ヨーロッパの言語政策　la politique linguistique en Europe

　欧州連合 Union européenne では，母語に加えて二つの言語を身につける市民をヨーロッパ人のアイデンティティと考え，ヨーロッパの諸言語だけではなく，域外の言語（たとえば日本語）も含めた言語教育を重視しています。教育政策は各国政府の管轄であることから，EU 域内で均一の外国語教育は行われていません。2015 年に実施された Eurydice の調査によれば，キプロスのように 3 歳から外国語教育に取り組む国もありますが，ヨーロッパ諸国において外国語教育に取り組む年齢はおおむね 7 歳で，84％の小学生が外国語を学んでいます。中学校から外国語教育を始める国も多く，ヨーロッパの中学生の 60％が第二外国語を学んでいます。英語に次いで学ばれる言語はフランス語で，ドイツ語とスペイン語がそれに続きます。

　日本の中等教育で第二外国語教育は進んでいるでしょうか。

＊この課題について，さらに深く考えたいと思う方には，次の図書を薦めます。
　クロード・トリュショ（2018）『多言語世界ヨーロッパ』大修館書店

4 Leçon quatre

CD 29

Pourquoi apprendre des langues étrangères ?
Pourquoi faut-il apprendre plusieurs langues étrangères ? Il suffit d'apprendre l'anglais, non ?
Non. Apprendre la langue d'un pays, c'est aussi apprendre sa culture. Cela permet de mieux comprendre les autres et de vivre en harmonie.

なぜいくつもの外国語を学ぶのでしょうか。英語を学ぶだけでは十分ではないのでしょうか。ある国の言語を学ぶことは，同時にその国の文化を学ぶことでもあるのです。こうすれば，他の人々をよりよく理解し，仲良く生きていくことができるのです。

Pourquoi faut-il apprendre plusieurs langues étrangères ?
フランス語の疑問文を作るのはかんたんだよ。

 疑問文（1） **CD 30**

疑問詞を用いない疑問文の作り方
1) 尻上がりのイントネーションのみによる
　Vous êtes journaliste ?
2) 文頭に Est-ce que をつける
　Est-ce que vous êtes journaliste ?
3) 主語と動詞を倒置させる
　代名詞主語のとき：動詞 - 代名詞（単純倒置）
　Avez-vous un frère ?

* 1) はくだけた会話で，3) は改まった場面で用いられる。
* 2) は今から質問をするということをあえて明確にしたい場合に用いられる。
* ER 規則動詞・aller・avoir の 3 人称単数 -t-il (elle, on) ... ?
Parle-t-il français ?

Exercice

Est-ce que... 疑問文と倒置疑問文を作りなさい。

1) Elle est étudiante ?　　　3) Elle a vingt ans ?　　　5) Vous parlez français ?

2) Ils sont professeurs ?　　4) Ils ont des sœurs ?　　6) Il parle français ?

 疑問副詞 **CD 31**

いつ	**Quand** arrivez-vous ? **Quand est-ce que** tu arrives ?
どこで（へ）	**Où** habitez-vous ? **Où est-ce que** tu habites ?
どのようにして	**Comment** vous appelez-vous ? **Comment est-ce que** tu t'appelles ?

* est-ce que のある場合は，主語と動詞は倒置しない。
* 日常会話では，疑問副詞を文頭にもってこないこともある。
Tu es libre quand ?

なぜ	**Pourquoi** apprenez-vous le français ?	＊ Parce que c'est intéressant.
	Pourquoi est-ce que tu apprends le français ?	
いくつ	**Combien de** frères avez-vous ?	＊ combien de ＋無冠詞名詞
	Combien de frères **est-ce que** tu as ?	

Exercice 2

適当と思われる疑問詞を書きなさい。

1)（　　　　） sœurs avez-vous ? – J'ai deux sœurs.

2)（　　　　） est le nouveau professeur ? – Il est sympathique.

3)（　　　　） travaillez-vous ? – À Paris. Je travaille dans l'informatique.

4)（　　　　） apprenez-vous l'anglais ? – Parce que c'est utile.

5)（　　　　） tu es libre ? – Demain, vers trois heures.

 Il suffit d'apprendre l'anglais, non ?
この il は形式上の主語なんだ。英語にもあったよね。でも，日本語にはないよね。なぜ？

非人称構文（1）　CD 32

「彼は」という意味のない il を形式上の主語とし持つ構文を「非人称構文」と言う。

1）il faut ＋名詞「... が必要である」

Il faut dix minutes pour aller à la gare.

il faut ＋不定詞（動詞の原形）「... しなければならない」

Il faut partir demain.

2）il est ＋形容詞＋ de ＋不定詞「... することは ... である」

Il(C') est difficile d'aimer tout le monde.

Il(C') est évident que la bière fait grossir.

3）成句的表現

Il suffit d'ajouter du sel et du poivre.

Il paraît que tout va bien.

＊非人称構文で用いられる動詞には，非人称構文以外でも用いられるもの（faire, être, etc.）と非人称構文でしか用いられないもの（faut → falloir）とがある。

＊ il faut + que + 節 → 75 ページ

＊ il は形式上の主語で de 以下が意味主語（真主語）。話し言葉では il est のかわりに c'est が用いられる。

＊ suffit → suffire
paraît → paraître

Exercice 3

（　　　）内に適当な表現を入れなさい。

1) À Marseille, (　　　　) changer.

2) Combien de temps (　　　　) attendre ?

3) Ce n' (　　　　) d'apprendre le français.

4) C' (　　　　) que la France est le premier pays agricole européen.

5) Il ne (　　　　) d'apprendre une seule langue étrangère.

Apprenons en autonomie sur le net ! ネットでも自律学習しよう！

① 非人称構文（2）

1) 天候，寒暖

Il fait beau. Il fait mauvais. Il pleut. Il neige.
Il fait chaud. Il fait froid. Quel temps fait-il ?

2) 時間の表現

Quelle heure est-il (il est) ? – Il est trois heures.

3) il y a + 名詞「... がある」

Il y a une lettre sur la table.

＊ fait → faire
　pleut → pleuvoir
　neige → neiger
＊ 「…前に」という意味の il y a
　Elle vient de partir, il y a dix
　minutes.

Exercice **1**

適当と思われる表現を入れなさい。

1) Le ciel est bleu, (　　　　) beau.
2) À Londres, (　　　　) souvent.
3) (　　　　) froid chez vous en hiver ?
4) Au Japon, en juin (　　　　) chaud et humide.
5) Est-ce qu' (　　　　) des karaokés en France ?
6) (　　　　) quelle heure ? – Neuf heures.

 Apprendre la langue d'un pays, c'est aussi apprendre sa culture.
この c' (ce) は英語の it に似ているけれど，ce は this, that の意味でも用いられるよ。

② 指示代名詞（1）

1) 話題になっている人や物を指す

Qu'est-ce que **c'**est ? – **C'**est un portable.
Ça a l'air bon. On peut manger **ça** ?

2) 状況や事柄を漠然と指す

Je vais en France. **C'**est pour découvrir le pays.
Ça se passe bien chez vous ?

3) 同じ文中の表現を指す

Moi, **c'**est Dominique.
Ça doit être triste de vivre sans toi.

＊ ce を用いるのは動詞 être の
　主語の場合だけで，それ以外
　の場合は ça (cela) を用いる。
＊ ce(ça) は，「これ（それ，あれ）
　は」などの意味をあらわす.

 ネットでは「疑問文 (2)」，「動詞 mettre の直説法現在」も取り組んでね！

Soyons plurilingues et pluriculturels! つながろう，世界中の人々と！

> **言語への目覚め クイズ**
>
> 1. 次の言語で，フランス語の il pleut とよく似た言い方をするのはどれでしょうか。
>
>   ドイツ語　オランダ語　デンマーク語　イタリア語　スペイン語　ルーマニア語
>
> 2. 上の言語で，je suis étudiant とよく似た言い方をするのはどれでしょうか。
>
> 3. 代名詞の主語を必ずしも必要としない言語があることに気づきましたね。どの言語ですか。複数あります。
>
> ＊このクイズに答えるには，Google の翻訳機能がおすすめです。

■読んで，話して，世界中の人々とフランス語でつながろう！

— Vous parlez combien de langues ?

— Trois. Ma langue maternelle est le *français*. Je parle aussi assez bien *anglais* et *japonais*. Et vous ?

— Ma langue maternelle est le *japonais*. Je parle aussi *anglais* et un peu *français*.

＊いろいろな国の人になって話せる外国語について会話をしてみましょう。

japonais 日本語	français フランス語	anglais 英語	allemand ドイツ語
italien イタリア語	espagnol スペイン語	chinois 中国語	coréen 韓国語・朝鮮語

複言語主義　le plurilinguisme

　世界のほとんどすべての国や地域には複数の言語が共存しており，ある社会の内部に複数言語が個別に存在することを「多言語主義，多言語状態」multilinguisme と呼びます。これに対して「複言語主義」は個人の内部に複数の言語が複層的に共存し，相互に作用する状態を指すもので，言語とは標準語だけで構成されているのではなく，地域に応じた方言や年代によって異なる言語使用（若者ことばなど）や職業集団といった特定の集団でのみ使用される用語を含みます。その意味では，単一言語話者と思っている人も実際のところは複言語話者であることがほとんどです。私たちは誰もがさまざまな形で複言語話者なのです。

　また複言語主義は，一つの外国語を完璧にマスターすることではなく，さまざまな言語をさまざまなレベルで身につけ，学習言語のレパートリーを増やすことを求めています。したがって必ずしもネイティブ話者を学習モデルとは考えません。これは，異なる人々の言語文化へと開かれた人間性を養い，他者への寛容を育成するためでもあります。

　皆さんは，いくつの言語をどの程度，使うことができますか。

＊この課題について，さらに深く考えたいと思う方には，次の図書を薦めます。
細川 英雄, 西山教行編（2010）『複言語・複文化主義とは何か ―ヨーロッパの理念・状況から日本における受容・文脈化へ』くろしお出版

5 Leçon cinq

Les langues régionales en France CD 35

Quelles langues parle-t-on en France à part le français ? Il y a des régions où on parle aussi le basque, le breton, le catalan ou le corse. Certains élèves choisissent une de ces langues comme épreuve du baccalauréat.

フランスではフランス語のほかにどんな言語が話されているのでしょうか。バスク語，ブルトン語，カタロニア語，コルシカ語が話されている地方があります。バカロレアの試験でこれらの言語のひとつを選択する生徒もいます。

Certains élèves choisissent une de ces langues comme épreuve ...
choisissent は規則動詞 choisir の活用形だよ。規則動詞は活用形の作り方を覚えるんだよね。

 IR 規則動詞の直説法現在 CD 36

不定詞が -ir という語尾で終わる動詞の大部分は，次の finir のように活用する。

finir

je fin**is**	tu fin**is**	il(elle) fin**it**
nous fin**issons**	vous fin**issez**	ils(elles) fin**issent**

＊不定詞の語尾は次の 4 種類しかない。
  -er, -ir, -oir, -re
＊覚えていますか？
  ER 規則動詞 → 10 ページ
＊不定詞の語尾が -ir でも，finir のように活用しない動詞もある：partir, sortir, ouvrir, offrir

Exercice

choisir を活用させましょう。

je ( )	tu ( )	il(elle) ( )
nous ( )	vous ( )	ils(elles) ( )

Il y a des régions où on parle aussi le basque, le breton, le catalan ou le corse.
où は関係代名詞です。関係代名詞は英語にもあるけれど，日本語にはないよね。

 関係代名詞（1） CD 37

先行詞が関係節の主語 → **qui**
先行詞が関係節の直接目的語・属詞（補語）→ **que**

＊先行詞は人でも物でもよい。先行詞が人であるか，物であるかは，qui と que の使い分けに無関係。

Je te présente **mon oncle qui** est joueur de tennis.

(← Je te présente **mon oncle, il** est joueur de tennis.)

Je prends **le train qui** part à dix-neuf heures.

Je te présente **mon oncle que** j'aime beaucoup.

(← Je te présente **mon oncle**, j'aime beaucoup mon oncle.)

Je voyage à travers **ce grand continent qu'**est l'Europe.

＊関係代名詞が que で，主語が名詞の場合は，しばしば倒置される。

Exercice **2**

次の各文を関係代名詞を用いて書き換えなさい。

1) Je connais cet homme, il parle avec ma femme. → Je connais cet homme

2) La jeune fille est très jolie, je vais voir la jeune fille. → La jeune fille

3) Je prends le TGV, il part à onze heures. → Je prends le TGV

先行詞が場所の表現でも時の表現でも、関係代名詞は **où**

＊où は，英語の関係副詞 where と when に相当する。

Voilà **l'appartement où** nous vivons ensemble.

C'est **l'heure où** les enfants doivent dormir.

Exercice **3**

次の各文を関係代名詞を用いて書き換えなさい。

1) Le Québec est une province au Canada. On parle français dans cette province.

→ Le Québec est une province au Canada

2) La francophonie, ce sont des pays et les régions. On parle français dans ces pays et ces régions.

→ La francophonie, ce sont les pays et les régions

3) C'est un jour. Les Français commémorent la victoire des Alliés sur l'Allemagne nazie ce jour-là.

→ C'est le jour

4) Les touristes européens négligent trop souvent le printemps. La France est très belle en cette saison.

→ Les touristes européens négligent trop souvent le printemps

---

Certains élèves choisissent une de ces langues comme épreuve ...

ces は英語の these と同じ働きをしているよ。でも，まったく同じというわけではないんだ。

 指示形容詞 CD 38

ce (cet) ＋男性単数名詞	ce cinéma
cette ＋女性単数名詞	cette maison
ces ＋男性（女性）複数名詞	ces cinémas　ces maisons

＊母音または無音の h で始まる男性単数名詞には cet を用いる。
cet appartement　cet hôtel
＊フランス語では，特に必要がないかぎり，「この，その，あの」の区別をしない。

Exercice **4**

「この（今）～」という表現を作りましょう。

1) (　　　) matin

2) (　　　) après-midi

3) (　　　) soir

4) (　　　) nuit

Apprenons en autonomie sur le net ! ネットでも自律学習しよう！

 IR 規則動詞の直説法現在（つづき）

Exercice 1

（　　）内の動詞を適当な形に活用させなさい。

1) Nous (　　　　　) à notre examen. (réussir 合格する)

2) Les enfants n'(　　　　　) jamais à leurs parents. (obéir 従う)

3) Les feuilles (　　　　　) en automne. (jaunir 黄色くなる)

4) Tu (　　　　　) un livre. (choisir 選ぶ)

5) Le médecin (　　　　　) le malade. (guérir 治す)

 Quelles langues parle-t-on en France à part le français ?
quelles は英語の what と同じ働きをしているよ。 でも what とは違うところもあるよ。

2 疑問形容詞 net 4

quel は後ろにくる名詞，主語の名詞の性と数によって形が変化する。

	単数	複数
男性	**quel**	**quels**
女性	**quelle**	**quelles**

1) 名詞を修飾する用法

　　Quelle heure est-il (il est) ? Quels films aimez-vous ?

2) 補語（属詞）としての用法

　　Quel est votre nom ?　　　　Quelle est votre nationalité ?

＊覚えていますか？
　名詞の性 →6 ページ
＊発音はすべて [kɛl]
＊補語（属詞）とは？ 平叙文で，être の活用形のすぐ後にある名詞（句），形容詞はたいてい補語（属詞）の働きをしている。
C'est une pomme.
Il est grand.

Exercice 2 net 4

適当と思われる疑問形容詞を書きなさい。

1) (　　　　) chanteurs aimez-vous ?　　　3) (　　　　) sport aime-t-il ?

2) (　　　　) chansons chante-t-elle ?　　　4) (　　　　) musique préfères-tu ?

Exercice 3 net 5

適当と思われる疑問形容詞を書きなさい。

1) (　　　　) est votre adresse ?　　　3) (　　　　) sont vos coordonnées ?

2) (　　　　) sont vos loisirs ?　　　4) (　　　　) est votre numéro de téléphone ?

Soyons plurilingues et pluriculturels! つながろう，世界中の人々と！

次の単語，文は，それぞれフランス語，日本語ではどのように言うでしょうか。
豆　　虫　　青いトマト　　浅い川　　お腹がすいた。　　私は 20 歳です。
feuille morte　　Oui, j'arrive.　　Ça m'intéresse.　　Tu me manques.

■読んで，話して，世界中の人々とフランス語でつながろう！

— Quelles sont les langues officielles de la *Suisse* ?
— Ce sont *l'allemand, le français, l'italien et le romanche*. Ça ne veut pas dire que tous les *Suisses* parlent quatre langues. Par exemple, moi je suis de la région où on parle *allemand*. Dans ma région, on apprend *le français* à l'école élémentaire.

*まず次の国の公用語，学校で習う外国語について調べてみましょう。次にその国の人になって国内で使われている言語について話してみましょう。

Canada カナダ　　Singapour シンガポール　　Cameroun カメルーン
Canadien(ne) カナダ人　　Singapourien(ne) シンガポール人　　Camerounais(e) カメルーン人
mandarin 標準中国語　　malais マレー語　　tamoul タミル語　　langue indigène 部族語

ことばによる世界の認識の違い les différences de perception du monde entre les langues

　私たちが日本語で物を指すとき指示詞コソアを使います。自分の近くにある物は，たとえば「この〜」，話し相手の近くにある物は「その〜」，自分からも話し相手からも離れているものは「あの〜」と言いますね。英語でも this と that で 2 系列の区別をしています。でも，フランス語ではふつうはこのような区別をしません。代名詞なら全部 ce を，形容詞なら ce / cette を使います。フランス語なら遠近の区別をしないで言えるのに，日本語では区別しないと言えないのです。このように複数の外国語を学んで初めて気づくことがあるのです。もし英語しか学んでいなかったら，……

*言語と思考の関係についてさらに知りたい方は，「言語相対論」「サピア・ウォーフ仮説」というキーワードでインターネット検索してください。その際には，東郷雄二氏の書いた「言語はコミュニケーションの手段にすぎないか？－フランス語から見えてくること－」(http://petalismos.net/wp/wp-content/uploads/multilanguage.pdf）も忘れずに読んでください。

6 Leçon six

L'enseignement supérieur
En France, les universités n'ont pas de concours d'entrée. Tous les lycéens peuvent s'inscrire à l'université : il suffit d'avoir le bac. Les Grandes Écoles, qui organisent des concours très sélectifs, attirent les meilleurs d'entre eux et forment l'élite du pays.

フランスの大学には入学試験がありません。バカロレアがあるだけで，高校生はみな大学に登録することができます。この一方で，グランゼコールはたいへん厳しい選抜を行い，優秀な高校生を集め，国のエリートを養成します。

Tous les lycéens peuvent s'inscrire à l'université.
s'inscrire は「代名動詞」と呼ばれる動詞だよ。英文法ででてきた「再帰動詞」，覚えている？

1 代名動詞（1）直説法現在形

代名動詞：主語と同じ人（物）をあらわす目的語の人称代名詞を
　　　　　伴う動詞

se lever

je	**me**	**lève**	nous	**nous**	**levons**
tu	**te**	**lèves**	vous	**vous**	**levez**
il(elle)	**se**	**lève**	ils(elles)	**se**	**lèvent**

Tu te lèves à sept heures. Tu **ne** te lèves **pas** à sept heures.
À quelle heure **te lèves-tu** ?

* この目的語の人称代名詞を
「再帰代名詞」と呼ぶ。
* cf. Je lève mon fils.
→ Je le lève.
* 否定文：ne + 再帰代名詞 +
動詞 + pas ...
* 倒置疑問文：再帰代名詞 +
動詞 – 主語代名詞 ... ?

Exercice 1

（　　）内に se coucher「寝る」の現在形の活用形を書きなさい。

| je | （　　　　） | tu | （　　　　） | il(elle) | （　　　　） |
| nous | （　　　　） | vous | （　　　　） | ils(elles) | （　　　　） |

用法

1) 再帰的
　Tu laves ta fille ? – Non, elle se lave toute seule.
　Je me peigne.
2) 相互的
　Vous vous connaissez ? On se téléphone ?

* 再帰的用法：主語のする行為
が主語自身に帰ってくる。

* 相互的用法：「お互いに〜し
合う」主語は複数。

3) 中立的

Je me réveille à six heures d'habitude.

De nouvelles forces politiques se lèvent dans ce pays.

＊中立的用法：無意識的な行為，自然に起こったことをあらわす。自動詞的な意味。

Les Grandes Écoles, ... attirent les meilleurs d'entre eux ...

eux は強勢形人称代名詞と呼ばれる代名詞で，動詞の前以外で使うんだよ。

2 強勢形人称代名詞

je	tu	il / elle	nous	vous	ils / elles
moi	**toi**	**lui / elle**	**nous**	**vous**	**eux / elles**

強勢形の代名詞は，動詞の前以外で使う。

＊主格形（7ページ），目的格形（50〜53ページ）の代名詞はまとめて「無強勢形代名詞」と呼ばれることがある。

＊無強勢形の代名詞は，動詞と密接に結びついていて，平叙文ではつねに動詞の前に置かれる。

1) 文頭，文中，文末で，同格的に用いて，主語，目的語などを（対比）強調する

Moi, j'aime beaucoup la cuisine française.

Je te connais, **toi**.

Les enfants ont **eux** aussi leur mot à dire.

2) 前置詞の後で

Bon anniversaire ! C'est pour **toi**, Laure.

Tu sors avec **lui** ce soir ?

3) c'est, ce sont の後で，属詞（補語）として

Qui est à l'appareil ? – C'est **moi**, Éric.

4) 接続詞 que の後で

Je n'aime que **toi**. Tu es plus beau que **lui**.

5) 動詞なしで代名詞を使うとき

Je suis étudiante. Et **toi** ? – **Moi** aussi.

＊「à ＋ 人」を代名詞化する場合は，ふつうは間接目的格形の代名詞（51ページ）を使うが，次の場合は「à ＋ 強勢形」を使う。

Je pense toujours à toi.

- C'est à qui ?

- C'est à moi.

Exercice **2**

適当な強勢形代名詞を入れなさい。

1) Jean-François, je veux être seule, je pars sans (　　　) .

2) Elle aime Jean-François, elle parle toujours de (　　　) .

3) Je m'appelle Véronique. Et (　　　) ?

4) Ils aiment beaucoup leurs enfants, ils pensent toujours à (　　　) .

5) Ma femme, elle va au concert, (　　　) je reste à la maison.

6) Qui est-ce ? – C'est (　　　) , Laure.

Apprenons en autonomie sur le net ! ネットでも自律学習しよう！

1 代名動詞（1）用法（つづき）

4) 受動的

Ça ne se dit plus.　Comment ça s'écrit ?

Un jean, ça se lave facilement.

5) 本質的

Elle se moque de moi.　Tu te souviens de moi ?

Je m'en doutais.　On s'en va !

＊受動的用法：「〜される」主語は「もの」で，一般的なことや主語の特性を述べる。

＊本質的用法：代名動詞としてしか用いられない；意味が他動詞の意味から類推できない。

Exercice 1

イタリックの部分に注意して，次のフランス語の文を日本語に訳しなさい。

1) Avec l'anglais et l'espagnol, la langue française *se classe* parmi les principales langues internationales.

2) Le français *se parle* dans un grand nombre de pays africains.

3) La langue française *se meurt* partout au Canada sauf au Québec.

4) Le 14 juillet, la France *se souvient* de la journée historique de 1789 où le peuple prend d'assaut et détruit la prison de la Bastille.

---

2 強勢形人称代名詞（つづき）

Exercice 2

（　）内に適当と思われる強勢形人称代名詞を書きなさい。

1) (　　　), j'aime la cuisine française.　　5) (　　　), nous aimons la cuisine anglaise.

2) (　　　), tu aimes la cuisine italienne.　　6) (　　　), vous aimez la cuisine chinoise.

3) (　　　), il aime la cuisine espagnole.　　7) (　　　), ils aiment la cuisine coréenne.

4) (　　　), elle aime la cuisine allemande.　　8) (　　　), elles aiment la cuisine japonaise.

Tous les lycéens **peuvent** s'inscrire à l'université.

peuvent は動詞 **pouvoir** の活用形だよ。よく使う動詞だから，しっかり覚えてね。

3 動詞 pouvoir「…することができる」の直説法現在

pouvoir

| je | peu*x* | tu | peu*x* | il(elle) | peu*t* |
| nous | pouv*ons* | vous | pouv*ez* | ils(elles) | peuv*ent* |

＊活用語尾 –x -x -t は，–s -s -t タイプのヴァリアント。語幹は peu, pouv, peuv の三つ。

＊vouloir も同じように活用する。語幹は veu, voul, veul の三つ。

Soyons plurilingues et pluriculturels! つながろう，世界中の人々と！

<table>
<tr><td>言語への目覚め
クイズ</td><td>1. 次の言語で童話の「赤ずきん」はどのように言うでしょうか。
　　英語　ドイツ語　デンマーク語　フランス語　スペイン語　ポルトガル語
2. 上のそれぞれの言語で，「赤」と「ずきん」をあらわす単語はどれでしょうか。
3.「赤」と「ずきん」をあらわす単語は，なにをてがかりに区別しましたか。
＊このクイズに答えるには，Google の翻訳機能がおすすめです。</td></tr>
</table>

■読んで，話して，世界中の人々とフランス語でつながろう！

— Ah bon, vous êtes étudiant ? Vous étudiez dans
　quelle université ?
— Ce n'est pas vraiment une université, c'est une
　grande école : elle s'appelle l'ENS, l'École Normale
　Supérieure. J'étudie *la philosophie*.
— Moi, je suis étudiant en *technologie* à l'Université de
　Kyusyu.

＊どの大学の学生なのか，何学部なのかについて話してみましょう。

lettres 文学　　éducation 教育学　　droit 法学　　économie 経済学　　sciences 理学 médecine 医学　　pharmacie 薬学　　technologie 工学　　agriculture 農学

フランスの高等教育　l'enseignement supérieur en France
　フランスの大学のほとんどは国立大学（67 校）で，私立の高等教育機関はごくわずかです。大学間に偏差値などによる序列は存在せず，どこの大学も同じレベルの教育を提供しています。学士課程（3 年間）については，居住地の学区の大学への進学が認められていますが，修士課程（2 年間）以降は他の学区の大学に通うこともできます。入学試験はありませんが，2 年次への進級が難しく，いくつかの学科では半数の学生が進路変更を迫られます。また学費はなく，公的には登録料（170 ユーロから 380 ユーロ）があるだけです。
　大学生の移動もヨーロッパの教育に重要です。欧州共同体（現在の欧州連合）の主導のもとに，1980 年代後半から Erasmus 計画 (*European Region Action Scheme for the Mobility of University Students*) や Lingua 計画など，さまざまな奨学金プログラムによって学生や教員のヨーロッパ域内での移動が勧められてきました。これは 3 ヶ月から 1 年の間ヨーロッパの他国の大学での学習を可能とする制度で，2012 年度には 26740 人のフランス人大学生がこの留学制度を利用し，また 2011 年度には 47919 名のグランゼコールの学生が国外研修や留学に参加しました。
　日本の大学教育の特徴はどのようなものでしょうか。

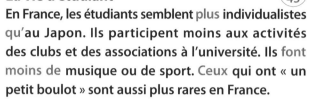

Leçon sept

La vie d'étudiant (CD 45)

En France, les étudiants semblent plus individualistes qu'au Japon. Ils participent moins aux activités des clubs et des associations à l'université. Ils font moins de musique ou de sport. Ceux qui ont « un petit boulot » sont aussi plus rares en France.

フランス人学生は日本人学生よりも個人主義者のようです。彼らは大学でクラブやアソシエーション活動にあまり参加しません。音楽やスポーツもあまりしません。フランスでは，アルバイトをする学生もずっとまれです。

En France, les étudiants semblent plus individualistes qu'au Japon.
比較級の作り方は英語と同じです。plus ～ que は英語の more ～ than にあたります。

 比較級（1）形容詞・副詞 (CD 46)

「…より…だ」 … **plus** + 形容詞・副詞 + **que** …
「…と同じくらい…だ」 … **aussi** + 形容詞・副詞 + **que** …
「…ほど…ではない」 … **moins** + 形容詞・副詞 + **que** …

* que の後では，代名詞は強勢形を使う。
* 比較級を強調するには beaucoup を使う。
　Je suis beaucoup plus intelligent que toi.
* 特殊な比較級
　bon (meilleur), bien (mieux), beaucoup (plus), peu (moins)

Je suis **plus** âgé **que** toi.

Vous êtes **aussi** sympathique **que** lui.

Elle voit Jean **moins** souvent **que** l'année dernière.

Cet hôtel est **meilleur que** l'*Hôtel de la Place.*

Laure chante **mieux qu'**Éric.

Exercice 1

モデルにならって，続く文を作りなさい。

Modèle : Martine est très belle. Mais Isabelle *est plus belle qu'elle*. (+)

1) Elle est très mignonne. Mais sa belle-sœur … . (−)
2) Patrick est très maigre. Mais Luc … . (=)
3) Ma mère est très grosse. Mais mon père … . (+)
4) Je suis très jeune. Mais mon mari … . (−)

Exercice 2

（　　）内に適切な表現を入れて，比較級の文を作りなさい。

1) La voiture de Jean est (　　　) (　　　) la voiture de Paul. （良い）
2) Elles sont (　　　) en mathématiques (　　　) Paul. （よくできる）
3) Ce restaurant est (　　　) (　　　) Chez Louise. （おいしい）
4) Jean danse (　　　) (　　　) Paul. （上手に）
5) Jean mange (　　　) (　　　) Dominique. （たくさん）
6) Jean boit (　　　) (　　　) Dominique. （少ない）

 Ceux qui ont « un petit boulot » sont aussi plus rares en France.
ceux は les étudiants の代わりをする代名詞だよ。英語の **those** にも同じ用法があったね。

指示代名詞（2）🎵47

男性・単数	女性・単数	男性・複数	女性・複数
celui	**celle**	**ceux**	**celles**

1)「定冠詞＋名詞＋de ~」の「定冠詞＋名詞」のかわりに
La **voiture** d'Éric est plus grande que **celle de** Luc.
2)「定冠詞＋名詞＋qui(que) ~」の「定冠詞＋名詞」のかわりに
Cette **femme** n'est plus **celle que** j'ai connue.
3)「指示形容詞＋名詞 -ci(là)」の「指示形容詞＋名詞」のかわりに
Voilà deux **voitures** : **celle**-ci est à Éric, **celle**-là (est) à Luc.
4) 既出の表現のかわりでなく，「人」，「人々」，「男性」，「女性」の意味で
Celui qui mange peu dort bien.
Je n'aime pas **ceux** qui sont bavards.
Il n'aime que **celles** qui l'aiment.

＊左の指示代名詞は，代名詞化する名詞の性と数によって形が変化する。
＊これらの指示代名詞は単独で用いることはできない。
＊ ce，ceci，cela(ça) も同じく指示代名詞であるが，単独で用いることができ，性数によって変化しない。→ 20 ページ

Exercice 3

適当と思われる指示代名詞を書きなさい。

1) Le frère de Laure est aussi sympathique que (　　　) d'Éric.
2) La moto d'Éric est plus grande que (　　　) de Luc.
3) Les cheveux d'Éric sont plus longs que (　　　) de Luc.
4) Les vacances de Laure sont moins longues que (　　　) de Claire.
5) – Qu'est-ce que vous avez comme vins d'Alsace ?
– Vous avez (　　　) -ci. C'est un Riesling.
6) – Les trois robes, vous les prenez aussi ?
– (　　　) -ci non, mais je prends ces deux-là.
7) Nous aimons toujours (　　　) qui nous admirent, et nous n'aimons pas toujours
(　　　) que nous admirons. (La Rochefoucauld)

Apprenons en autonomie sur le net ! ネットでも自律学習しよう！

1 比較級（2）名詞の数量 CD 48

「…より多くの…」	**plus de** + 名詞 + **que** ...
「…と同じくらいの…」	**autant de** + 名詞 + **que** ...
「…より少ない…」	**moins de** + 名詞 + **que** ...

＊覚えているかな？
plus は beaucoup の比較級
moins は peu の比較級
＊比較の対象を示す que 以下のない文もよく用いられる。
Paul McCartney gagne toujours autant d'argent.

Elle a **plus de** robes **que** moi.
Nous avons **autant d'**enfants **que** vous.
Il gagne **moins d'**argent **que** toi.

Exercice 1

日本語の意味にあうように，フランス語の文を完成しなさい。

1) Il boit (　　　) eau que de vin.
   彼は水とワインを同じくらい飲む。

2) L'Italie produit (　　　) huile d'olive que la France.
   イタリアはフランスよりたくさんのオリーブオイルを生産している。

3) Les ménages pauvres payent (　　　) impôts directs que les ménages riches.
   貧しい家庭は，豊かな家庭ほど直接税を払っていない。

4) Pour (　　　) information, cliquez ici.
   もっと知りたい人は，ここをクリックしてください。

2 動詞 faire の直説法現在 CD 49

| je | **fais** | tu | **fais** | il(elle) | **fait** |
| nous | **faisons** | vous | **faites** | ils(elles) | **font** |

＊ faisons [fəzɔ̃]
＊ vous êtes / vous dites

Exercice 2

適当と思われる faire の活用形を書きなさい。 du, de la, de l' は部分冠詞（35 ページ）

1) Nous (　　　) de la littérature.
2) Tu (　　　) de l'économie ?
3) Elles (　　　) de l'agriculture.
4) Il (　　　) du droit.
5) Vous (　　　) de la médecine ?
6) Je (　　　) de l'informatique.

Exercice Synthétique 1 イタリックの部分に注意して，次のフランス語の文を日本語に訳しなさい。

1) En matière d'enseignement supérieur, les étudiants français sont *moins* dotés *que* ceux d'autres pays comparables.

2) Comme les Français sont *plus* individualistes, ils acceptent *moins* facilement de se soumettre à l'autorité.

3) Les étudiants polytechniciens accordent *autant d'*importance à l'épanouissement personnel.

4) Les étudiants français et *ceux* originaires de la communauté européenne peuvent avoir droit à une aide financière du ministère.

Soyons plurilingues et pluriculturels! つながろう, 世界中の人々と！

月の名前の言い方, 日本語とフランス語とではとても違っていることに気づいていますか。フランス語ではなぜこのような言い方をするのでしょうか。

1 月 janvier	2 月 février	3 月 mars	4 月 avril
5 月 mai	6 月 juin	7 月 juillet	8 月 août
9 月 septembre	10 月 octobre	11 月 novembre	12 月 décembre

■読んで, 話して, 世界中の人々とフランス語でつながろう！

— Et dans les universités japonaises, il y a beaucoup de clubs ?

— Ah oui, beaucoup. Moi, je suis membre du club de *tennis*. Je *fais du tennis* presque tous les jours.

— Presque tous les jours ! C'est pas vrai ! Je *fais du foot* mais seulement le dimanche. Moi, je préfère voir des amis après les cours.

＊所属しているクラブ, しているスポーツについて話してみましょう。

le foot サッカー　le judo 柔道　la natation 水泳　l'équitation 乗馬　l'escrime フェンシング
faire du tennis / du foot / du judo　faire de la natation　faire de l'équitation / de l'escrime

---

フランスのグラン・ゼコール　les grandes écoles en France

　フランスの高等教育には大学のほかに, エリート養成機関として「グラン・ゼコール」grandes écoles があります。ここに入学するには, バカロレア取得後に 1 年か 2 年間の準備クラスに入って受験勉強をし, 個別の選抜試験を受ける必要があります。フランスにはおよそ 230 のグラン・ゼコールがあり, これらは分野ごとに序列がついています。

　グラン・ゼコール（3 年間）の多くは理系あるいはビジネススクールなど実学を中心としたものです。理系の最難関は国防省の管轄する理工科学校 École polytechnique であり, 卒業生は軍だけではなく, 政官民の各界に活躍しています。文系では高等師範学校 École normale supérieure が中・高等教育の教員養成を行い, フランスの思想界をリードしています。官庁が所管するグラン・ゼコールの場合, 学生は準公務員扱いで給与が支給され, 卒業後に一定の年限で公職につくことが求められています。

　日本のエリート教育はどのように行われているでしょうか。

＊この課題について, さらに深く考えたいと思う方には, 次の図書を薦めます。
　柏倉康夫（2011）『指導者(リーダー)はこうして育つ～フランスの高等教育：グラン・ゼコール～』吉田書店

8 Leçon huit

Les Français et le sport

Le foot est le sport le plus populaire en France. Après viennent le tennis et le vélo. Beaucoup d'enfants font du judo et vont à la piscine pour apprendre à nager. Le baseball, au contraire, n'intéresse pas beaucoup les Français et ne passe jamais à la TV.

サッカーはフランスでもっとも人気のあるスポーツです。その後にくるのが, テニスと自転車です。多くの子どもたちは, 柔道をしたり, 水泳を習いにプールに行きます。これとは反対に, 野球はあまりフランス人の興味を引きませんし, テレビで放映されることは決してありません。

Le foot est le sport le plus populaire en France ...
フランス語の最上級も英語と似ているよ。でも, 名詞の後ろにつく形容詞の最上級, 要注意!

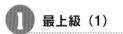 最上級 (1)

定冠詞 + **plus (moins)** + 形容詞 + 名詞
定冠詞 + 名詞 + 定冠詞 + **plus (moins)** + 形容詞
le + **plus (moins)** + 副詞

C'est **le plus** long fleuve de France.
C'est **la plus** belle plage de France.
Ce sont **les** monuments **les plus** célèbres de France.
C'est le T.G.V. qui roule **le plus** vite de tous les trains.

＊覚えているかな？
　形容詞の位置 → 9 ページ
＊形容詞の最上級の場合は, 定冠詞は性・数変化する。

＊特殊な最上級
　bon (le meilleur), bien (le mieux), beaucoup (le plus), peu (le moins)

Exercice **1**

（　　）内に適切な表現を入れて, 最上級の文を作りなさい。

1) C'est (　　　) (　　　) jolie fleur du jardin.
2) C'est le garçon (　　　) (　　　) sympathique.
3) C'est (　　　) (　　　) restaurant du monde. (おいしい)
4) C'est la femme (　　　) (　　　) riche au monde.
5) C'est Françoise qui chante (　　　) (　　　). (上手に)
6) C'est votre mère qui vous aime (　　　) (　　　). (もっとも)

Beaucoup d'enfants font du judo et vont à la piscine pour apprendre à nager.
du は「部分冠詞」と呼ばれる冠詞だよ。 フランス語には冠詞が3つあることになるね。

2 部分冠詞

数えられないものの若干量をあらわすときには，「部分冠詞」と
いわれる冠詞をつける。

du (de l') + 男性名詞	du fromage	de l'air
de la (de l') + 女性名詞	de la salade	de l'eau

de l' は，母音または無音の h で始まる名詞の前で用いる。

＊抽象名詞でも，量，程度が問題になるときには，部分冠詞をつける。

Avec de la patience, on arrive à tout.

＊否定文中の冠詞（11 ページ）

Exercice 2

適当と思われる部分冠詞をつけなさい。

1) (　　　) pain　　　　3) (　　　) argent　　　5) (　　　) viande

2) (　　　) farine　　　4) (　　　) courage　　　6) (　　　) huile

Exercice 3

適当と思われる部分冠詞を書きなさい。

1) On mange (　　　) viande avec (　　　) vin rouge.

2) Je mange (　　　) choucroute et bois (　　　) vin blanc.

3) Ce site permet d'écouter (　　　) musique en ligne.

4) On peut retirer (　　　) argent avec cette carte ?

5) J'ai (　　　) plaisir à apprendre le français.

Beaucoup d'enfants font du judo et vont à la piscine pour apprendre à nager.
apprendre はとてもよく使われる prendre と同じように活用するよ。

3 動詞 prendre の直説法現在

prendre は「…をつかむ，身につける，食べる，飲む」などいろ
いろな意味で使われる。

prendre

je	pren**ds**	tu	pren**ds**	il(elle)	pren**d**
nous	pren**ons**	vous	pren**ez**	ils(elles)	prenn**ent**

＊語幹は prend, pren と prenn, 活用語尾は -s -s -t タイプ。3 人称単数の活用語尾 t が落ることに注意！

＊ apprendre, comprendre, surprendre

＊不定詞の語尾が -dre でも，prendre のように活用しない動詞もある。
entendre, attendre, vendre

Exercice 4

comprendre「理解する」を活用させなさい。

je (　　　)　　　tu (　　　)　　　il(elle) (　　　)

nous (　　　)　　　vous (　　　)　　　ils(elles) (　　　)

Apprenons en autonomie sur le net ! ネットでも自律学習しよう！

 Après viennent le tennis et le vélo. Beaucoup d'enfants … vont à la piscine …
viennent は –s –s –t タイプの動詞の活用形，vont はまったくの不規則動詞の活用形だよ。

1 動詞 venir と aller の直説法現在

venir

je	**vien**t	tu	**vien**s	il(elle)	**vien**t
nous	**ven**ons	vous	**ven**ez	ils(elles)	**vienn**ent

aller

je	**vais**	tu	**vas**	il(elle)	**va**
nous	**allons**	vous	**allez**	ils(elles)	**vont**

Exercice **2**

質問を聞いて，モデルにならって，答えなさい。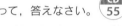

la France フランス	l'Angleterre イギリス	l'Allemagne ドイツ	l'Italie イタリア
l'Espagne スペイン	la Chine 中国	la Corée 朝鮮，韓国	le Japon 日本
le Canada カナダ	le Mexique メキシコ	les États-Unis アメリカ合衆国	

「… の国へ」「… の国で」
　　女性単数の国名：en ＋ 無冠詞の国名　　en France　　en Espagne
　　男性単数の国名：au (← à + le) ＋ 国名　　au Japon　　au Mexique
　　複数の国名：aux (← à + les) ＋ 国名　　aux États-Unis

「… の国から」「… の国の」
　　女性単数の国名：de ＋ 無冠詞の国名　　de France　　d'Espagne
　　男性単数の国名：du (← de + le) ＋ 国名　　du Japon　　du Mexique
　　複数の国名：des (← de + les) ＋ 国名　　des États-Unis

Modèle : Vous allez en France ?　–　Non, je vais au Canada.
　　　　　Vous venez de France ?　–　Non, je viens du Canada.

1) – Non,　　　　　　　　　　4) – Non,
2) – Non,　　　　　　　　　　5) – Non,
3) – Non,　　　　　　　　　　6) – Non,

 ネットでは「最上級 (1)（つづき）」も取り組んでね！

Soyons plurilingues et pluriculturels!　つながろう，世界中の人々と！

言語への目覚め **クイズ**	次の英語とフランス語の例を見て，冠詞はいつも名詞の前に置かれると思っていませんか。各例の3番目はルーマニア語です。さて冠詞はどれでしょうか。

家	a house	une maison	o casă	the houses	les maisons	casele
ドア	a door	une porte	o uşă	the doors	les portes	uşile
窓	a window	une fenêtre	o fereastră	the windows	les fenêtres	ferestrele

■読んで，話して，世界中の人々とフランス語でつながろう！

— Tu sais quoi ? Les sports les plus populaires dans le monde, ce sont le foot, le basketball et le tennis. Au Japon, quel est le sport le plus populaire ?

— C'est le baseball.

— Tu plaisantes ! C'est un sport américain. Le baseball, je n'y comprends rien. Personne ne fait de baseball en France. Le sport le plus populaire en France, c'est le foot. Le rugby et le cyclisme aussi sont populaires. Et *à Taïwan*, quel est le sport le plus populaire ?

— C'est *le baseball*.

＊まず次の国ではどのスポーツが一番人気があるのかを調べて，次にそれぞれの国のスポーツについて話してみましょう。

en Corée 韓国　en Inde インド　en Nouvelle-Zélande ニュージーランド　au Kenya ケニヤ
le rugby ラクビー　le cricket クリケット　la boxe ボクシング　le hockey ホッケー

冠詞　l'article

　日本語には冠詞がないのに，フランス語や英語には冠詞があります。さて，どちらが特殊なのでしょうか。実は，世界の多くの言語には冠詞はありません。冠詞があるのは主にフランス語や英語が属しているインド・ヨーロッパ語族 famille indo-européenne やアラビア語のようなセム語派の言語です。この点では日本語は特殊ではないのです。

＊日本語が特殊な言語だと思っている方は，角田太作（2009）『世界の言語と日本　改訂版 – 言語類型論から見た日本語』（くろしお出版）を読んでみてください。むしろ英語が特殊な言語だという著者の主張には説得力があります。

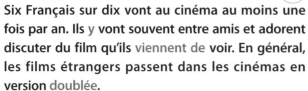

Leçon neuf

Les Français et le cinéma　(CD 56)

Six Français sur dix vont au cinéma au moins une fois par an. Ils y vont souvent entre amis et adorent discuter du film qu'ils viennent de voir. En général, les films étrangers passent dans les cinémas en version doublée.

10 人中 6 人のフランス人は，すくなくとも年に一回は映画に行きます。友達どうしで映画に行くことが多く，見た映画について議論するのが大好きです。たいてい映画館で外国映画は吹き替えで上映されます。

> En général, les films étrangers passent dans les cinémas en version doublée.
> 最後の doublée は過去分詞で，用法は英語と似ているんだ。作り方をしっかりマスター！

① 過去分詞の作り方　(CD 57)

過去分詞の語尾は 5 種類しかない：-é, -i, -u, -s, -t

> 1) 不定詞の語尾 -er の動詞のすべて → **é**
> 　　aimer → aimé　　　aller → allé
> 2) 不定詞の語尾 -ir の動詞の大半 → **i**
> 　　finir → fini　　　　sortir → sorti
> 3) 不定詞の語尾 -oir, -re の動詞の大半 → **u**
> 　　voir → vu　répondre → répondu

＊不規則な過去分詞
1) été (être), né (naître)
2) venu (venir), bu (boire), lu (lire), connu (connaître), pu (pouvoir), eu [y] (avoir)
3) pris (prendre), compris (comprendre), mis (mettre)
4) fait (faire), dit (dire), écrit (écrire), craint (craindre), éteint (éteindre), ouvert (ouvrir), mort (mourir)

Exercice 1

次の動詞の過去分詞形を書きなさい。

1) boire	飲む → （　　　）	6) travailler	働く	→ （　　　）
2) regarder	見る → （　　　）	7) attendre	待つ	→ （　　　）
3) apprendre	学ぶ → （　　　）	8) pleuvoir	雨がふる → （　　　）
4) choisir	選ぶ → （　　　）	9) vouloir	〜したい → （　　　）
5) faire	する → （　　　）	10) sentir	感じる	→ （　　　）

② 過去分詞の形容詞的用法　(CD 58)

過去分詞の形容詞的用法：受動的意味「〜された」

1) 形容詞と同じように名詞を修飾する用法：

Pour répondre aux messages **reçus**, cliquez sur l'icône **représentée** par une petite enveloppe.

＊過去分詞は名詞の性・数に一致する

2) 属詞（補語）としての用法：

La porte est toujours **ouverte**.

＊過去分詞は主語の性・数に一致する。

Exercice 2

（　　）内の動詞を過去分詞にして，次に文全体を日本語に訳しなさい。

1) J'assiste à une conférence (　　　　　) par Luc Besson. (donner)

2) Ces films (　　　　) à Cannes sont sortis en DVD. (primer)

3) Ils aménagent la salle de cinéma, (　　　　　) actuellement, en une salle polyvalente.
(fermer)

4) C'est le plus mauvais film (　　　　) depuis janvier 2000. (sortir)

5) François Truffaut, cinéaste mondialement (　　　　) est mort en 1984. (connaître)

Ils y vont souvent entre amis et adorent discuter du film qu'ils viennent de voir.
y はちょっと変わった代名詞だよ。「場所」以外の表現の代わりをすることもできるんだ。

 代名詞 y CD 59

「**à** + 名詞」 → **y**

– Tu vas souvent à Paris ?

– Oui, j'**y** vais quelquefois. (← je vais **à Paris**)

＊「à 以外の前置詞 ＋名詞（代名詞）」のかわりをする場合もある。
Il est né en France et il y habite toujours.

y の位置

(n') + **y** + 動詞 + (pas)

– Pensez-vous à votre avenir ?

– Oui, j'**y** pense souvent. (← je pense **à mon avenir**)

– Non, je n'**y** pense jamais. (← je ne pense jamais **à mon avenir**)

＊ (ne) + 助動詞 + (pas) + y + 不定詞：Je dois y réfléchir.

Exercice 3

太字の部分を代名詞にして，文全体を書き換えなさい。

1) On va **au musée du Louvre**. →

2) On ne va pas **au musée du Louvre**. →

3) Est-ce qu'on va **au musée du Louvre** ? →

4) Vous renoncez **à ce voyage**. →

5) Vous ne renoncez pas **à ce voyage**. →

Apprenons en autonomie sur le net !　ネットでも自律学習しよう！

 1 代名詞 y（つづき）

「**à** + 名詞（代名詞，不定詞，節）」→ **y**

– Je ne veux pas penser à ça.
– Mais il faut **y** penser !（← il faut penser **à ça**）
– Tu renonces à poursuivre tes études ?
– Oui, j'**y** renonce.（← je renonce **à poursuivre mes études**）

 | **Ils ... adorent discuter du film qu'ils** viennent de **voir.**
viennent は venir の活用形だよね。でも，ここでは「来る」という意味ではないんだ。

2 近接過去 venir de + 不定詞

「... したところだ（したばかりだ）」→ **venir de** + 不定詞

Je **viens d'**arriver.
Il **vient d'**écrire à Laure.

＊覚えているかな？
　動詞 venir → 36 ページ
＊ venir + 不定詞「〜しに来る」
　Elle vient dîner chez moi.

Exercice **1**

「〜したところだ」という意味の文を作り，次に文全体を日本語に訳しなさい。

1) Je (　　　) arriver.
2) Tu (　　　) écrire à Laure.
3) Le film (　　　) commencer.
4) Nous (　　　) avoir un enfant.
5) Vous (　　　) finir votre travail.
6) Ces livres (　　　) paraître.

3 近接未来 aller + 不定詞

「... しようとしている（するでしょう）」→ **aller** + 不定詞

1) 確実に実現されるごく近い未来のことを言うとき
　Tu ne comprends pas ? Alors, je **vais** t'expliquer.
2) たとえ遠い未来のことであっても，現在の状況からして確実に実現することとして言えるとき
　On **va** se marier dans un an.

＊覚えているかな？
　動詞 aller → 36 ページ
＊「aller + 不定詞」には，「... しに行く」という意味もある。
　Il va dîner chez elle le dimanche.

Exercice **2**

「〜するでしょう」という意味の文を作り，次に文全体を日本語に訳しなさい。

1) Je (　　　) voir ton père.
2) Tu (　　　) me manquer.
3) La saison de ski (　　　) bientôt commencer.
4) Nous (　　　) avoir un enfant dans six mois.
5) Vous (　　　) aller au cinéma ce week-end ?
6) Ils (　　　) bientôt déménager.

Soyons plurilingues et pluriculturels!　つながろう，世界中の人々と！

> **言語への目覚め クイズ**
>
> 日本語とフランス語の曜日名の言い方をくらべてみましょう。それぞれ何に
> もとづいてこのような言い方をしているのでしょうか。
>
> 月曜日 lundi　　火曜日 mardi　　水曜日 mercredi　　木曜日 jeudi
>
> 金曜日 vendredi　　土曜日 samedi　　日曜日 dimanche

■読んで，話して，世界中の人々とフランス語でつながろう！

— Je viens de voir un film *français* en DVD,

　Ascenseur pour l'échafaud avec Jeanne Moreau.

— Ah oui, comment tu le trouves ?

— *Excellent* ! La musique surtout est *formidable*.

　Tu aimes les films *français* ?

*まず次の国の映画について調べて，次にそれらの国の映画に
ついて話してみましょう。

coréen 韓国の　　chinois 中国の　　indien インドの　　iranien イランの　　grec ギリシアの
excellent(e) / formidable / super すばらしい・最高の　　impressionnant(e) 衝撃的な
amusant(e) おもしろい　　ni bon(ne) ni mauvais(e) 良くも悪くもない
ennuyeux(se) 退屈な　　nul(le) 最低の

語順　l'ordre des mots

　代名詞の y はなぜ動詞の前に移動するのでしょうか。実はフランス語の語順は情報として
の重要度と関係しています。一般的に古い情報の重要度は少なく，新しい情報の重要度は大
きいのですが，ワンセンテンス内の配列は，旧情報 - 新情報の順に並べます。この「旧新の
原理」にしたがって配列すると，代名詞である y は当然ワンセンテンス内の左よりに置かれ
ることになります。代名詞化されているということは，前の文中にすでに出ていて，すなわ
ち旧情報になっていて，わざわざ名詞で表現しなくてもわかるからですね。この現象は英語
と比べてみるとおもしろいです。I love you. にあたるフランス語は Je t'aime. です。t' は英
語の you に相当する代名詞です。フランス語には，英語のようにセンテンス内を自由に移動
してある特定の表現を強調する文アクセントがないのです。それで，フランス語は，日本語
や英語以上に語順にたよってどの表現が情報として重要なのか，あるいは重要でないのかを
あらわしているのです。

*世界の言語の語順についてさらに知りたい方は，「語順の語順類型」というキーワードでインターネットで検
　索してください。語順と情報の関係については福地肇（1985）『談話の構造』（大修館書店）を薦めます。

Leçon dix

Les Français et les vacances CD 63

Que font les Français en juillet et en août ? Ils partent en vacances. Un salarié français a droit à un minimum de cinq semaines de vacances payées. Où vont-ils ? À la mer, dans le sud de la France ou en Espagne. Avec qui ? En famille, et parfois avec des amis.

フランス人は 7 月と 8 月に何をするでしょうか。人々はバカンスに出かけます。フランスの給与生活者は最低限 5 週間の有給休暇を取る権利があります。どこに行くのでしょうか。南フランスやスペインの海にいきます。誰と行くのでしょうか。家族と行きますが，ときには友人と行くこともあります。

> Que font les Français en juillet et en août ?
> 文頭の que は疑問代名詞だよ。下の表をまず横に，次に縦に見てみて，規則性があるよね。

 疑問代名詞 CD 64

	主語	直接目的語・補語	間接目的語・状況補語
人	Qui	Qui	前置詞 + qui
	Qui est-ce qui	Qui est-ce que	前置詞 + qui est-ce que
物		Que	前置詞 + quoi
	Qu'est-ce qui	Qu'est-ce que	前置詞 + quoi est-ce que

1 人についてたずねる。

1)「だれが…するのですか？」（主語）

   Qui aime la musique ? **Qui est-ce qui** aime la musique ?

2)「だれを…するのですか？」（直接目的語）

   Qui aime-t-il ? **Qui est-ce qu'**il aime ?

3)「…はだれですか？」（補語（属詞））

   Qui est-ce ? **Qui** êtes-vous ?

4)「だれに（だれと，etc.）…するのですか？」（間接目的語・状況補語）

   De qui parlez-vous ? **Avec qui est-ce que** tu danses ?

＊ est-ce que のある場合は倒置をしない。

2 人以外についてたずねる。

1)「何が…するのですか？」（主語）

   Qu'est-ce qui se passe ? **Qu'est-ce qui** ne va pas ?

2)「何を…するのですか？」（直接目的語）

    Que faites-vous ? **Qu'est-ce que** vous faites ?

3)「…は何ですか？」（補語（属詞））

    Que devient-il ? **Qu'est-ce que** c'est ?

4)「何に（何で，etc.）…するのですか？」（間接目的語・状況補語）

    Avec **quoi** mange-t-on ? Avec **quoi** est-ce qu'on mange ?

* 日常会話では，疑問代名詞を文頭にもってこないこともある。
C'est quoi ?
On mange avec quoi ?

Exercice 1

適当と思われる疑問詞を書きましょう。

  1) (　　　　) est là ？　どなたですか？（ドア越しに）

  2) (　　　　) êtes-vous ？　あなたはどなたですか？

  3) (　　　　) cherchez-vous ？　何を探しているのですか？

  4) (　　　　) cherchez-vous ？　だれを探しているのですか？

  5) À (　　　　) penses-tu ？　だれのことを考えているの？

  6) À (　　　　) penses-tu ？　何を考えているの？

  7) (　　　　　　) vous intéresse ？　何に興味がありますか？

  8) (　　　　　　) vous intéresse ？　だれに興味がありますか？

  9) (　　　　　) tu aimes ？　きみはだれが好きなの？

  10) (　　　　　) tu aimes ？　きみは何が好きなの？

  11) De (　　　　　) vous parlez ？　だれのことを話しているのですか？

  12) De (　　　　　) vous parlez ？　何のことを話しているのですか？

 3つの冠詞の使い分け CD 65

1) 名詞が不特定のものを指しているか，または聞き手には何を
指しているかわかっていない場合 →

        数えられるものなら → **不定冠詞**

        数えられないものなら → **部分冠詞**

  Pardon, Madame, je cherche **un** bureau de change.

  Vous ressemblez beaucoup à **une** copine de lycée.

  On peut retirer **de l'**argent avec cette carte ?

2) 名詞が特定のものを指しているか，または話し手も聞き手も
何を指しているかわかっている場合 → **定冠詞**

 a. 話の流れや状況から何を指しているかわかる

  Nous avons *une chambre* à deux lits.

  – Quel est le tarif de **la** chambre ?

  Passe-moi **le** pain, s'il te plaît.

 b. 前置詞句や関係代名詞節によって限定されている

  Quel est **le** prix du petit déjeuner ?

 c. 総称的に用いられている

  J'aime **les** escargots.

* あるものが数えられるか，数えられないかは，話す人がどのようものをイメージしているかによって，変化する。
Un café, s'il vous plaît.
Je vais vous faire du café.

*「〜が好きだ」
aimer + le(la) + 数えられない名詞
aimer + les + 数えられる名詞

Apprenons en autonomie sur le net ! ネットでも自律学習しよう！

1 3 つの冠詞の使い分け（つづき）

net 2

Exercice **1**

次の会話はホテルのフロント係と客とのものです。適当と思われる冠詞を書いて会話を完成しなさい。

– Bonsoir, Monsieur. Vous avez (　　　) chambres pour cette nuit ?

– Oui, il me reste une chambre à deux lits et une chambre simple.

– Et quel est (　　　) tarif de (　　　) chambre simple ?

– 145 euros.

– Est-ce qu'on peut voir (　　　) chambre ?

...

– On peut changer (　　　) argent ici ?

– Bien sûr.

– Quel est (　　　) taux de change pour le yen ?

– Voici (　　　) tableau de change.

2 動詞 partir の直説法現在

net 3

| je | pars | tu | pars | il(elle) | par*t* |
| nous | part*ons* | vous | part*ez* | ils(elles) | part*ent* |

＊ -s –s –t タイプ
＊ sortir

3 命令法

	danser	finir
(tu)	**Danse !**	**Finis** ton travail !
(vous)	**Dansez !**	**Finissez** votre travail !
(nous)	**Dansons !**	**Finissons** notre travail !

＊大部分の命令文は直説法現在から作る。tu の活用形が –es で終わる場合は，s をとる。
＊ tu vas → Va ...
＊否定の命令文：
　Ne + 動詞 + pas ...

Exercice **2**

net 5

指示にしたがって，命令文を用いて書きかえなさい。

1) Il faut écouter le professeur. (vous)　　4) Il faut sortir vite. (nous)

2) Il faut aller à l'école. (tu)　　5) Il ne faut pas partir tout de suite. (tu)

3) Il faut choisir un livre. (nous)　　6) Il ne faut pas faire de bruit. (vous)

être と avoir の命令形

	être	avoir
(tu)	**Sois** prudent(e) !	**Aie** du courage !
(vous)	**Soyez** prudent(e)(s) !	**Ayez** du courage !
(nous)	**Soyons** prudent(e)s !	**Ayons** du courage !

＊特別の命令形を持つ他の動詞

savoir	vouloir
sache	veuille
sachez	veuillez
sachons	veuillons

Exercice **3**

net 6

次の表現の 3 種類の命令文を作りなさい。

1) être positif　　　　　2) avoir confiance　　　　　3) ne pas avoir peur

Soyons plurilingues et pluriculturels!　つながろう,世界中の人々と!

日本語では,フランス語のように冠詞がなくても,問題なくコミュニケーションができます。不思議ですね。次のフランス語を日本語に訳して考えてみましょう。

Un garçon a **un** singe. **Le** garçon danse dans **la** rue. **Le** singe chante dans **la** rue.
Un touriste donne 5 euros **au** singe. Ils sont pauvres. Ils pleurent.

■読んで,話して,世界中の人々とフランス語でつながろう!

— C'est vrai que les *Japonais* ne prennent jamais de vacances ?
— Non, les gens ont toujours une ou deux semaines de vacances.
— Ce n'est pas beaucoup. *Un mois* de vacances, les *Français* trouvent ça normal.

＊まず次の国の人々の休暇について調べて,次にそれぞれの国の人になって休暇について話してみましょう。

Coréens 韓国人　Singapouriens シンガポール人　Américains アメリカ人
jour 日　semaine 週　mois 月　an 年
Espagnols スペイン人　Danois デンマーク人　Brésiliens ブラジル人　Allemands ドイツ人

フランス人とヴァカンス　les Français et les vacances

　ヴァカンス(正式には「法定年次有給休暇」congé payé annuel)は 1936 年にさかのぼる制度で,当初は 15 日間でした。その後,日数は増加をたどり,1982 年以降 5 週間となり,現在では最低 2 週間,最高 4 週間までヴァカンスをまとめてとる権利があります。

　2019 年の世論調査によると,69%の回答者がおよそ 2 週間のヴァカンスをとると答え,そのうちの 56%はフランス国内でヴァカンスをとると回答しています。国外旅行の場合も,フランス人はスペイン,イタリア,ベルギーといったヨーロッパの隣国を好むようです。またヴァカンスの期間中も経済的理由などから自宅にとどまる人も 30%あまりおり,30%の人は祖父母の家でヴァカンスを過ごすと回答しています。

　ヴァカンスのあいだ 70%のフランス人は仕事から完全に離れて,メールの返信も行わず,体も心もすっかりくつろいだ暮らしを送るようです。

　日本の休暇制度はどのように機能しているのでしょうか。なぜ日本にはヴァカンスが存在しないのでしょうか。

Leçon onze

Les Français et les mangas
La culture pop japonaise a de plus en plus de succès
en France. C'est le pays qui consomme le plus de
mangas après le Japon : 15 millions d'exemplaires
chaque année. C'est aussi en France que les
amateurs de cosplay sont les plus nombreux.

日本のポップカルチャーはますますフランスで人気を得ています。フランスは日本に次いで，漫画
の消費が多い国です。毎年，1500 万冊の漫画が売れています。コスプレのファンが，日本に次い
で最も多いのもまたフランスです。

 C'est aussi en France que les amateurs de cosplay sont les plus nombreux.
C'est ... que は英語の強調構文 it ... that と似ているよ。でも，違っているところもあるんだ。注意！

 1 強調構文

> 主語の働きをしている表現の強調 → **c'est ... qui...**
> 主語以外の働きをしている表現の強調 → **c'est ... que...**

Éric présente Laure à Luc (chez ses parents).
C'est Éric **qui** présente Laure à Luc.
C'est Laure **qu'**Éric présente à Luc.
C'est à Luc **qu'**Éric présente Laure.
C'est chez ses parents **qu'**Éric présente Laure à Luc.
C'est moi **qui** présente Laure à Luc.

* qui の後の動詞は qui の前の
主語に一致させる。

* 代名詞を強調するときは強勢
形を用いる。

Exercice **1**

太字の部分を強調する文を作りなさい。

1) **Laure** est étudiante.

2) Elle fait la cuisine **avec sa mère**.

3) **Anne** a trois frères.

4) J'ai visité **le Louvre** hier.（複合過去→ 54 ページ）

5) Je vais visiter le Louvre **cet après-midi**.

6) **L'amour** nous rend poète.（nous は直接目的語）

7) Le monde est tout petit **lorsque l'amour est grand**.

C'est le pays qui consomme le plus de mangas après le Japon, ...
le plus de は beaucoup de の最上級だよ。

2 最上級（2）名詞の数量 CD 70

| 「もっとも多くの…」 | le plus de ＋ 名詞 |
| 「もっとも少ない…」 | le moins de ＋ 名詞 |

C'est au Québec que l'on boit **le plus de** tisane.
Appliquez **le moins d'**herbicide possible.

Exercice 2

日本語の意味にあうように，フランス語の文を完成しなさい。

1) Dans un ménage, où peut-on économiser (　　　　　) argent ?
家計で一番節約できるのはどこだろうか。

2) Achetez des produits qui génèrent (　　　　　) déchets d'emballage possible.
できるだけ包装ゴミをださないような製品を買いなさい。

3) À quoi attachez-vous (　　　　　) importance ?
あなたにとってなにが一番重要ですか？

3 名詞の複数形 CD 71

1) 原則：単数形 ＋ s
2) -s, -x, -z 単数形 ＝ 複数形　bus → bus
3) -eau, -au, -eu ＋ x　bat**eau** → bat**eaux**
4) -al → aux　anim**al** → anim**aux**
5) -ail → aux　trav**ail** → trav**aux**

＊特殊な複数形を持つ名詞：
œil → yeux
＊ -ou で終わる名詞の一部 ＋ x
bijou → bijoux
＊形容詞の男性複数形も同様にして作る。

Exercice 3

次の名詞を複数にしなさい。

1) un journal (　　　　)　5) un cheval (　　　　　)　9) un œil (　　　　　)
2) un prix (　　　　)　6) un oiseau (　　　　　)　10) un trou (　　　　)
3) un chou (　　　　)　7) un nez (　　　　)　11) un genou (　　　　)
4) un tuyau (　　　　)　8) un cheveu (　　　　)　12) un vitrail (　　　　)

Exercice 4

次の形容詞を複数にしなさい。

1) gros (　　　　)　5) social (　　　　)　9) international (　　　　)
2) beau (　　　　)　6) bas (　　　　)　10) délicieux (　　　　)
3) général (　　　　)　7) vieux (　　　　)　11) familial (　　　　)
4) heureux (　　　　)　8) nouveau (　　　　)　12) mauvais (　　　　)

Apprenons en autonomie sur le net ! ネットでも自律学習しよう！

❶ 疑問文と語順

主語が名詞でも，次の場合はふつう単純倒置をする。

1) 自動詞の場合

Quand part le dernier bateau pour Alcatraz ?

Où habite le Père Noël ?

2) Que，Qui（属詞），Quel（属詞）だけの場合

Que fait votre père ? Qui est cette dame ?

Quel est votre nom ? Quelle est votre nationalité ?

＊ Pourquoi の後ではふつう単純倒置しない。複合倒置する。
Pourquoi la tortue pleure-t-elle quand elle pond ?

＊ Qui（直接目的）の場合は，複合倒置する。

❷ 直説法現在の動詞活用のまとめ

直説法現在形の単数人称の活用語尾

1) すべての ER 規則動詞と IR 型の動詞の一部 → **e-es-e** 型

2) その他の動詞（不定詞の語尾が -ir, -oir, -re）→ **s-s-t** 型

ただし，次の動詞は s-s-t 型のヴァリアントである：

　a) pouvoir, vouloir → **x-x-t** 型

　b) 不定詞が -endre の動詞 → **ds-ds-d** 型

　c) 不定詞が -ttre の動詞 → **ts-ts-t** 型

＊単数人称の活用語尾には，2 つのタイプがあるが，複数人称の活用語尾は，わずかな例外を除いて，-ons -ez -ent である。

＊ ouvrir，offrir は e-es-e 型

＊ prendre → 35 ページ

＊ craindre, atteindre, éteindre, peindre は s-s-t 型

savoir

je	sai*s*	tu	sai*s*	il(elle)	sai*t*
nous	sav*ons*	vous	sav*ez*	ils(elles)	sav*ent*

vouloir

je	veu*x*	tu	veu*x*	il(elle)	veu*t*
nous	voul*ons*	vous	voul*ez*	ils(elles)	veul*ent*

＊ x-x-t 型の動詞としては，pouvoir，vouloir の 2 つを覚えればいい。

attendre

j'	atten*ds*	tu	atten*ds*	il(elle)	atten*d*
nous	attend*ons*	vous	attend*ez*	ils(elles)	attend*ent*

mettre

je	met*s*	tu	met*s*	il(elle)	me*t*
nous	mett*ons*	vous	mett*ez*	ils(elles)	mett*ent*

＊ attendre と同じように活用する動詞：descendre, entendre, perdre, rendre, répondre, vendre

＊ mettre と同じように活用する動詞：admettre, permettre, promettre, battre

練習問題はネットにあるから，やってね！

Soyons plurilingues et pluriculturels! つながろう，世界中の人々と！

言語への目覚め クイズ

1. 次の2番目の文章は何語で書かれているのでしょうか。なぜそう思いますか。
2. この小説の題名はなんでしょうか。

Et il revint vers le renard :

— Adieu, dit-il…

— Adieu, dit le renard. Voici mon secret. Il est très simple : on ne voit bien qu'avec le cœur. L'essentiel est invisible pour les yeux.

E ritorno dalla volpe.

"Addio", disse.

"Addio", disse la volpe. "Ecco il mio segreto. E molto semplice: non si vede bene che col cuore. L'essenziale e invisibile agli occhi".

■読んで，話して，世界中の人々とフランス語でつながろう！

— *L'animé* que j'aime le plus, c'est *Goldorak*.

— *Goldo*-quoi ?

— Au Japon, je crois que ça s'appelle *Grendizer*.

— Ouh là là, c'est *vieux*, ça !…

*まず海外で知られている日本のマンガなどついて調べて，次にそれぞれの国の人になって作品について話してみましょう。

le manga マンガ	le roman 小説	le film 映画	la chanson 歌	
super 最高の	cool かっこいい	fantastique すばらしい	original 独創的	

フランスから見た日本文化 la culture populaire japonaise en France

フランスでは日本への関心が年を追うごとに高まり，2017年には26万人以上のフランス人が日本を訪れました。パリでは2018年に「ジャポニスム2018：響きあう魂」が開かれ，芸術，舞台，映像，生活文化など多様な文化が紹介されました。

アニメや漫画といったポップカルチャーもフランス人を惹きつけ，ポケモンGOのようなゲームもフランスにすっかり定着しています。2000年からパリ郊外で開催されているJapan Expoは日本の大衆文化と伝統文化の博覧会で，4日間で23万人の「オタク」を集めました。

日本でフランス文化はどのように受け入れられていますか。

12 Leçon douze

La francophonie CD 74

Environ 200 millions de personnes parlent le français dans le monde. Dans certains pays européens et au Québec, la population le parle comme langue maternelle. Dans plusieurs pays d'Afrique, le gouvernement lui donne un statut de langue administrative.

世界ではおよそ2億人がフランス語を話しています。ヨーロッパのいくつかの国やケベックで，人々はフランス語を母語として話します。アフリカのいくつかの国で，政府はフランス語を行政用語の地位に定めています。

Dans certains pays ... , la population le parle comme langue maternelle, ...
le は le français に代わる目的語の働きをしている代名詞で，動詞の前に置くんだよ。

1 目的語の働きをする人称代名詞

1) 目的語の働きをする人称代名詞の位置
目的語の働きをする代名詞は動詞の前に置く。

主語 + (ne) + **目的語の代名詞** + 動詞 + (pas)

Je (ne) **t'**aime (pas).

＊肯定命令文にかぎり，目的語の代名詞は動詞の後に置かれる。
Tu me téléphones ?
Téléphone-moi.
Ne me téléphone pas.

2) 直接目的の代名詞か間接目的の代名詞か？
目的語を名詞で表現したときに，

動詞のすぐ後に来る名詞 → **直接目的**の代名詞で置き換える
動詞 + 前置詞 à + 名詞 → **間接目的**の代名詞で置き換える

Je connais **Éric**. → Je **le** connais.（直接目的語）
Je téléphone à **Éric**. → Je **lui** téléphone.（間接目的語）

＊直接目的語と間接目的語の違いを理解することはフランス語の文法では重要。

＊ à + 代名詞の形はふつう用いない。→ 27 ページの注

***Exercice* 1**

太字の表現は直接目的語か間接目的語か言いなさい。

1) J'achète **cette lampe**.
2) Il parle **à Laure** quelquefois.
3) Il envoie **ce colis** au Japon.
4) Elle accompagne **mon grand-père** à l'hôpital.
5) Ils disent bonjour **au professeur**.
6) Tu obéis **à tes parents** ?

Dans certains pays ... , la population le parle comme langue maternelle, ...
フランス語の代名詞，直接目的と間接目的とでは形が異なることがあるので，要注意！

2 直接目的語の働きをする人称代名詞

je	tu	il	elle	nous	vous	ils elles
me	**te**	**le**	**la**	**nous**	**vous**	**les**

Je ne connais pas cette jeune fille. Tu **la** connais ?
Elle ne connaît pas la nouvelle. Ils **la** connaissent ?
Il a des lettres à écrire. Il va **les** écrire demain.
Tu m'aimes ? – Non, je **ne t'**aime plus.

* le, la は，エリズィオンして l'になる。
* le, la, les は，人・物をあらわす名詞を受ける。
* (助)動詞 +不定詞の場合，目的語の代名詞は不定詞の前。
* 否定の ne は目的語の代名詞の前。

Exercice 2

質問に目的語の代名詞を使って答えなさい。
1) Tu me connais ? – Oui, je (　　　) connais bien.
2) Vous me connaissez ? – Oui, je (　　　) connais bien.
3) Vous nous connaissez ? – Oui, je (　　　) connais bien.
4) Ils vous connaissent ? – Oui, ils (　　　) connaissent bien.
5) Tu connais le père de Laure ? – Oui, je (　　　) connais bien.
6) Tu connais la mère de Laure ? – Oui, je (　　　) connais bien.
7) Tu connais les parents de Laure ? – Oui, je (　　　) connais bien.

... le gouvernement lui donne un statut de langue administrative.
lui は間接目的語 au français に代わる代名詞です。

3 間接目的語の働きをする人称代名詞

me	te	le la	nous	vous	les
me	**te**	**lui**	**nous**	**vous**	**leur**

Tu écris à ta fille ? – Oui, je **lui** écris souvent.
Vous écrivez à votre fils ? – Oui, nous **lui** écrivons souvent.
Il **ne m'**écrit **pas**. Elles **ne vous** écrivent **pas**.
Je vais écrire à mes parents. → Je vais **leur** écrire.

* 「彼に」と「彼女に」は同じひとつの形 lui であらわされる。
* 「à ＋場所を表す名詞」は lui / leur ではなく y。
J'envoie ce colis *au Japon*.
J'y envoie ce colis.

Exercice 3

質問に目的語の代名詞を使って答えなさい。
1) Il parle à Laure ? – Oui, il (　　　) quelquefois.
2) Il obéit à ses parents ? – Oui, il (　　　) toujours.
3) Elle vous téléphone ? – Oui, elle (　　　) très souvent.
4) Cette robe vous plaît ? – Oui, elle (　　　) beaucoup.
5) Elle me répond ? – Oui, elle (　　　) tout de suite.

Apprenons en autonomie sur le net ! ネットでも自律学習しよう！

1 目的語の働きをする人称代名詞（つづき）

Exercice 1

まず太字の表現を代名詞化した文を作り，次にその文を否定文にしなさい。

1) J'achète **cette lampe**. →

2) Elle accompagne **mon grand-père** à l'hôpital. →

3) Il envoie **ce colis** au Japon. →

4) Vous enlevez **vos chaussures** ? →

5) Je vais changer **mes lunettes**. →

6) Tu vas faire **tes devoirs** ce soir. →

7) On va prendre **le petit déjeuner** ensemble ? →

Exercice 2

まず太字の表現を代名詞化した文を作り，次にその文を否定文にしなさい。

1) Je vais envoyer ce colis **à Laure**. →

2) Elle aime raconter des histoires **à ses enfants**. →

3) Les enfants doivent obéir **à leurs parents**. →

2 目的語の働きをする人称代名詞と命令文

目的語の働きをする代名詞を肯定命令文で用いるときは，

1) 目的語の働きをする代名詞は動詞の後に置く。

Nous **les** achetons pour Laure.

→ Achetons-**les** pour Laure.

Vous **vous** levez vite.

→ Levez-**vous** vite.

2) me, te は，moi , toi となる。

Vous **m'**écrivez. → Écrivez-**moi**.

Tu **te** lèves vite. → Lève-**toi** vite.

＊否定の命令文は原則通り：
Ne ＋ 代名詞 ＋ 動詞 ＋ pas.

＊動詞と代名詞の間に － (trait d'union) が必要。

＊代名動詞：動詞 － 再帰代名詞。

Exercice 3

次の文を肯定命令文と否定命令文に変えなさい。

1) Tu me dis la vérité.

2) Nous lui montrons les photos.

3) Vous les expliquez aux élèves.

4) Tu m'envoies un e-mail.

5) Vous les donnez aux enfants.

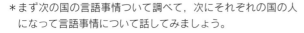

Soyons plurilingues et pluriculturels! つながろう，世界中の人々と！

言語への目覚め クイズ

1. 次の言語では Je t'aime はどのように言うでしょうか。
   中国語　　トルコ語　　ポーランド語　　ポルトガル語
   ルーマニア語　　ロシア語
2. どの言語が Je t'aime と同じような語順をしているでしょうか。

＊このクイズに答えるには，Google の翻訳機能がおすすめです。

■読んで，話して，世界中の人々とフランス語でつながろう！

— Dans mon pays, *le Cameroun*, il y a plus de 200 langues différentes.

— C'est vrai ? Et comment vous faites pour communiquer ?

— On apprend plusieurs langues, et puis *le français et l'anglais* sont les deux langues officielles.

＊まず次の国の言語事情ついて調べて，次にそれぞれの国の人になって言語事情について話してみましょう。

l'Inde インド　　les Philippines フィリピン　　Singapour シンガポール
filipino フィリピン語　　hindi ヒンディー語　　malais マレー語　　tamoul タミール語

フランス語圏　la francophonie

　フランス語は世界5大陸の50カ国以上の国や地域で何らかの形（母語，公用語，文化語など）で使用されており，国連 Nations Unies や国際オリンピック委員会 Comité international olympique の公用語の一つです。ヨーロッパでフランス語を使用する国はフランスとフランスの周辺の国や地域ですが，16世紀以降にフランス人の入植したカナダのケベック州もフランス語を公用語とする地域です。

　このほかにもアフリカ諸国では，19世紀以降のフランスによる植民地拡大のためにフランス語が普及し，現在でも多くの国では公用語として使用されています。また中近東ではフランス文化の威信や16世紀以来フランスが地域のキリスト教徒を支援してきたことから，キリスト教徒を中心にフランス語が一定の役割を担っています。しかし，19世紀末からフランスの植民地だった旧インドシナ（現在のヴェトナム，ラオス，カンボジア）では，独立後，ソ連の影響下でロシア語が勢力を伸ばした時代を経て，現在はフランス語を話す人口が激減し，英語が勢力を伸ばしています。

　世界で日本語を学ぶ人口は増えているのでしょうか，減っているのでしょうか。

＊この課題について，さらに深く考えたいと思う方には，次の図書を薦めます。
　鳥羽 美鈴（2012）『多様性のなかのフランス語─フランコフォニーについて考える』関西学院大学出版会

13 Leçon treize

L'euro
CD 75

En 2002, l'euro est devenu la monnaie officielle de onze pays de l'Union européenne. Ils ont abandonné leur monnaie nationale pour une monnaie commune. Le nombre de pays utilisant l'euro a augmenté depuis 1999 et cet élargissement va continuer.

2002 年に，ユーロは欧州連合 11 カ国の公式通貨となりました。これらの国では，自国通貨に代えて，共通通貨を採用したのです。ユーロを使用する国は 1999 年以来増え，この拡大はこれからも続きます。　＊2015 年にユーロを使用する国は 19 ヶ国になりました。

 En 2002, l'euro est devenu la monnaie officielle de ...
devenu は devenir の過去分詞，「être+ 過去分詞」で「過去」をあらわすんだよ。

 Ils ont abandonné leur monnaie nationale pour une monnaie commune.
abandonné は abandonner の過去分詞，「avoir+ 過去分詞」でも「過去」をあらわすんだよ。

1 直説法複合過去
CD 76

二種類の複合過去形

> 1) **avoir** の現在形＋過去分詞
> 2) **être** の現在形＋過去分詞

＊直説法の過去時制には，複合過去形の他に，半過去，大過去，単純過去，前過去がある。

＊過去分詞の作り方 → 38 ページ

danser

j'	**ai dansé**	nous	**avons dansé**
tu	**as dansé**	vous	**avez dansé**
il(elle)	**a dansé**	ils(elles)	**ont dansé**

Exercice 1

（　　　）内に avoir の活用形を書いて複合過去形の文を作りなさい。

1) Elle (　　　) chanté.　　3) J' (　　　) chanté.　　5) Tu (　　　) chanté.

2) Ils (　　　) chanté.　　4) Nous (　　　) chanté.　　6) Vous (　　　) chanté.

aller

je	suis	allé(e)	nous	sommes	allé(e)s
tu	es	allé(e)	vous	êtes	allé(e)(s)
il	est	allé	ils	sont	allés
elle	est	allée	elles	sont	allées

＊過去分詞の性・数一致
女性単数の主語 → -e
男性複数の主語 → -s
女性複数の主語 → -es

助動詞が être ときは，過去分詞は主語の性と数に一致する。

Exercice 2

（　　）内に être の活用形を書いて複合過去形の文を作りなさい。

1) Elle (　　　　) rentrée.　3) Je (　　　　) rentré.　5) Tu (　　　　) rentré.

2) Ils (　　　　) rentrés.　4) Nous (　　　　) rentrés.　6) Vous (　　　　) rentrés.

二つの助動詞の使い分け

移動をあらわす一部の自動詞　　　→ **être**

その他の自動詞とすべての他動詞 → **avoir**

＊自動詞と他動詞の両方の用法
を持つ動詞もある。他動詞の
用法のときは，助動詞はもち
ろん avoir。
Il a monté l'escalier.

助動詞に être をとる「移動をあらわす一部の自動詞」

aller (allé) 行く / venir (venu) 来る；entrer (entré) 入る / sortir (sorti) 出る

partir (parti) 出発する / arriver (arrivé) 到着する；

monter (monté) 上る / descendre (descendu) 下る；

rentrer (rentré) 帰宅する　revenir (revenu) 帰って来る　retourner (retourné) 戻る

passer (passé) 通る　tomber (tombé) 落ちる　rester (resté) とどまる

devenir (devenu) …になる　naître (né) 生まれる　mourir (mort) 死ぬ

Exercice 3

（　　）内に avoir の活用形の a か être の活用形 est を書きなさい。

1) Il (　　　) marché sur le trottoir.　4) Il (　　　) acheté des pommes.

2) Il (　　　) resté à la maison.　5) Il (　　　) rentré assez tard.

3) Il (　　　) couru vite.　6) Il (　　　) né en 1980.

複合過去形の二つの用法

1) 過去の用法

　J'ai visité le Louvre hier.

2) 現在完了の用法

　　— Vous avez déjà visité le Louvre ?（完了）

　　— Non, je ne l'ai pas encore visité.

　Elle est sortie. (Elle n'est pas là.)（結果）

　Elles sont allées en France trois fois.（経験）

＊倒置疑問形は，主語代名詞を
助動詞の後ろに置く。
Avez-vous déjà visité le
Louvre ?

＊否定形は，助動詞を ne と
pas ではさむ。
Elles ne sont jamais allées en
France.

Apprenons en autonomie sur le net !　ネットでも自律学習しよう！

1 代名動詞 (2)　直説法複合過去形

se lever の直説法複合過去

je	**me suis levé(e)**		nous	**nous sommes**	**levé(e)s**
tu	**t'es**	**levé(e)**	vous	**vous êtes**	**levé(e)(s)**
il	**s'est**	**levé**	ils	**se sont**	**levés**
elle	**s'est**	**levée**	elles	**se sont**	**levées**

* 代名動詞の複合過去形，すべて助動詞は être を使う。
* 否定文：ne + 再帰代名詞 + 助動詞 + pas + 過去分詞 ...
* 倒置疑問文：再帰代名詞 + 助動詞 - 主語代名詞 + 過去分詞 ... ?

2 過去分詞の一致

1) 助動詞 être の場合
　・主語の性・数と一致する：移動をあらわす自動詞の場合
　　Nous sommes **sortis** hier.　**Elles** sont déjà **parties**.
　・目的語 (再帰代名詞) の性・数と一致する：代名動詞の場合
　　Elle **s'est lavée**.　　Ils **se** sont **connus**.
　　Je **me** suis **étonné(e)** de son arrivée.
　　Elles **se** sont **moquées** de moi.
2) 助動詞 avoir の場合，直接目的語が過去分詞の前にあれば，その直接目的語の性・数と一致する。
　– Tu as déjà visité **la tour Eiffel** ?
　– Oui, je **l'ai visitée** il y a deux ans.

* 主語の性・数に一致するのは，助動詞が être のときだけ。
* 再帰代名詞が間接目的語であることが明らかな場合は一致しない：
　1) すでに直接目的語があるとき。
　　Elle s'est lavé les mains.
　2) 動詞が parler, écrire, téléphoner のとき
　　Ils se sont téléphoné.
* 覚えていますか？
　直接目的語とは？ → 50 ページ

Exercice 1

sortir「出かける」の過去分詞 sorti を適当な形にして書きなさい。

1) Je（男）suis（　　　　）.
2) Tu（女）es（　　　　）.
3) Elle est（　　　　）.
4) Nous（男）sommes（　　　　）.
5) Vous êtes（男・複）（　　　　）.
6) Elles sont（　　　　）.

Exercice 2

質問を聞いて，モデルにならって答えなさい。

mettre 着る / はく　enlever 脱ぐ / とる　repasser アイロンをかける
une robe ワンピース　une chemise（男性用の）シャツ　une veste 上着　un manteau コート
un pantalon ズボン　une jupe スカート　des chaussures 靴　des gants 手袋

Modèle : Elle a lavé sa robe ? – Oui, elle l'a lavée tout à l'heure.

1) – Oui,（　　　　）（　　　　）（　　　　）tout à l'heure.
2) – Oui, je（　　　　）（　　　　）（　　　　）tout à l'heure.
3) – Oui,（　　　）（　　　）（　　　）tout à l'heure.
4) – Oui,（　　　）（　　　）（　　　）tout à l'heure.
5) – Oui, elle（　　　）（　　　）（　　　　）tout à l'heure.

Soyons plurilingues et pluriculturels! つながろう，世界中の人々と！

言語への目覚め
クイズ

次の赤い字は母語としての，青い字は公用語としての，それぞれの言語の使用人口順位です。2 つの順位を見て，どのようなことが言えますか。

1	中国語	2	スペイン語	3	英語	4	ヒンディー語
5	アラビア語	6	ベンガル語	7	ポルトガル語	8	ロシア語
9	日本語	10	パンジャブ語	11	マレー語	12	テルグ語
13	呉語	14	トルコ語	15	フランス語		
1	英語	2	中国語	3	ヒンディー語	4	スペイン語
5	フランス語	6	アラビア語	7	ベンガル語	8	ロシア語
9	ポルトガル語	10	インドネシア語	11	ウルドゥー語	12	ドイツ語
13	日本語	14	スワヒリ語	15	マレー語		

■読んで，話して，世界中の人々とフランス語でつながろう！

— Tu sais combien de yens ça fait, un euro ?

— Non. Tu sais, moi, je suis *croate*. On n'est pas dans la zone euro.

— Ah bon, et vous utilisez quoi, alors ?

— Des *kunas*.

＊ユーロを使っていない EU 圏の国の通貨について話してみましょう。

bulgare	suédois(e)	danois(e)	tchèque	polonais(e)	hongrois(e)
lev(leva)	couronne (suédoise, danoise, tchèque)		złoty	forint	

ヨーロッパのなかの英語　l'anglais dans l'Europe

　イギリスが EU から離脱すると，イギリスの公用語である英語は EU で使用されなくなるのでしょうか。EU は加盟国のすべての公用語を EU の公用語（24 言語）としていますが，アイルランドとマルタはアイルランド語やマルタ語を公用語とすることに加えて，英語も公用語としているため，Brexit（EU からのイギリスの離脱）以降も英語は EU に残ることになるでしょう。そもそも英語は EU の主要な作業言語で，2008 年の時点で文書のおよそ 70%以上が英語で起草され，その後に他の公用語に翻訳されています。

　また，これまでロンドンに駐在していた各国企業の欧州支社は Brexit 以降にフランスやドイツに移転するでしょうから，駐在員には英語以外の外国語能力も求められることになるでしょう。

＊この課題について，さらに深く考えたいと思う方には，次の図書を薦めます。
　クロード・トリュショ（2018）『多言語世界ヨーロッパ』大修館書店

14 Leçon quatorze

Le français au XVIIIe siècle

CD 79

Le français était au dix-huitième siècle la langue de la diplomatie en Europe. On écrivait les grands traités en français. La plupart des diplomates le parlaient ou le comprenaient. Était-ce l'âge d'or du français ? Certains historiens le disent.

フランス語は 18 世紀にはヨーロッパの外交用語でした。重要な条約はフランス語で起草されました。多くの外交官はフランス語を話し，理解していました。それはフランス語の黄金時代だったのでしょうか。そのように語る歴史家もいます。

Le français était au XVIIIe siècle la langue de la diplomatie en Europe.
était は être の「半過去」と呼ばれる形です。英語なら「過去形」was を使うところだよね。

1 直説法半過去 CD 80

danser

je dans**ais**	tu dans**ais**	il(elle) dans**ait**
nous dans**ions**	vous dans**iez**	ils(elles) dans**aient**

＊半過去形は，英語の「過去形」，「過去進行形」，「過去完了進行形」，「used to」などと同じ場合に使う。

半過去の活用形＝直説法現在 nous の活用形から ons を取ったもの + 活用語尾

danser : nous dansons　→ dans → je dansais
finir : nous finissons　→ finiss → je finissais
prendre : nous prenons → pren → je prenais
avoir : nous avons　　 → av → j'avais

＊être のみは例外
＊活用語尾の例外はない。

Exercice 1

（　　）内に faire の半過去形の活用形を書きなさい。

je （　　　　　）	tu （　　　　　）	il(elle) （　　　　）
nous （　　　　　）	vous （　　　　　）	ils(elles) （　　　　）

Exercice 2

（　　）内に avoir の半過去形の活用形を書きなさい。

je （　　　　　）	tu （　　　　　）	il(elle) （　　　　）
nous （　　　　　）	vous （　　　　　）	ils(elles) （　　　　）

être

j' **étais**	tu **étais**	il(elle) **était**
nous **étions**	vous **étiez**	ils(elles) **étaient**

＊語幹は例外 (cf. nous sommes)，
活用語尾は原則通り

Exercice 3

être と（　　　）内に指示されている動詞の半過去形を書きなさい。

1) Quand j' (　　　　) petit, je ne (　　　　　　) pas lire. (savoir)
2) Quand tu (　　　　　) petit, on t'(　　　　　　) Momo. (appeler)
3) Quand il (　　　　) petit, il (　　　　　　) Noël. (adorer)
4) Quand nous (　　　　　) plus jeunes, nous (　　　　　　) énormément. (lire)
5) Quand vous (　　　　　) plus jeunes, vous (　　　　　　) beaucoup d'ambition. (avoir)
6) Quand elles (　　　　) plus jeunes, elles (　　　　　　) très souvent. (sortir)

用法

1) 過去の状態
   Quand ils se sont connus, ils **étaient** étudiants.
2) 過去の進行中の動作
   Quand j'ai rencontré Jean, il **se promenait** avec Anne.
3) 過去の習慣
   Quand il était étudiant, il **se promenait** souvent avec Anne.
4) 過去における現在（時制に一致）：主節の動詞が過去で、従属節 (que...) の出来事が主節と同時である場合
   Elle m'a dit que Chantal **voulait** me voir.

＊半過去形は，過去のある時点に視点を移し，出来事をまだ完了していない進行中・継続中のものとして描写したいときに用いる。カメラを被写体に近づけてアップで撮っているのをイメージするといい。こうすると出来事の開始点や終了点は見えなくて，常に継続中，進行中である。

2 半過去と複合過去

過去の出来事を**完了**したものとしてとらえるなら → **複合過去形**
過去の出来事を**未完了**なものとしてとらえるなら → **半過去形**

Elle **a regardé** un film à la télé.
Quand il est rentré, elle **regardait** un film à la télé.

＊半過去は，明確な期間・回数をあらわす表現とともに用いることはできない。
× Hier, il se promenait avec Anne toute la journée.

Exercice 4

複合過去形と半過去形，適当と思われるものを選びなさい。

1) Vers quatre heures cet après-midi, je (suis passée / passais) boulevard Voltaire, (j'ai vu / je voyais) une annonce dans une agence pour une chambre assez grande. Je (suis entrée / entrais). Heureusement, elle (a été / était) encore libre : je (l'ai louée / la louais) tout de suite.

2) En ce temps-là, ma vie (a été / était) un enfer. J'(ai eu / avais) une plaie dans le cœur, (j'ai cherché / je cherchais) Jésus partout. Mais le jour où (j'ai rencontré / rencontrais) Jésus, ça a été la plus belle chose de ma vie, il (m'a guéri / me guérissait) et (m'a délivré / me délivrait).

Apprenons en autonomie sur le net ! ネットでも自律学習しよう！

1 半過去と複合過去（つづき）

CD 81

Exercice 1

質問を聞いて，指示されているように答えなさい。

> bavarder しゃべる　prendre un café コーヒーを飲む　lire un roman 小説を読む

Modèle: – Quand je t'ai téléphoné, qu'est-ce que tu faisais ?

      – Je lisais une lettre. （手紙を読む）

1)	（学生（男性）である）	4)	（コーヒーを飲む）
2)	（しゃべる）	5)	（小説を読む）
3)	（テニスをする）		

> Était-ce l'âge d'or du français ? Certains historiens le disent.
>
> le は 文全体 (que) c'était l'âge d'or du français の代わりをする代名詞だよ。

2 中性代名詞 le

1) 直接目的語として用いられた不定詞（句）・節のかわり

  Elle voulait quitter Luc mais elle ne (**le**) pouvait pas.

  Je t'aime, Laure. Enfin j'ai réussi à **le** dire !

  Comme vous **le** savez, je travaille avec elle.

2) 属詞（補語）として用いられた形容詞・分詞・名詞のかわり

  Elle a été célèbre mais elle ne **l'**est plus.

＊性数に関係なく，変化しない。
Elles étaient *allergiques*
aux chats mais elles ne **le**
sont plus.

Exercice 2

太字の部分を中性代名詞にして，文を書き換えなさい。

1) Il désirait sortir avec elle mais elle ne voulait pas **sortir avec lui**.

  Il désirait sortir avec elle mais elle ne (   ) (   ) pas.

2) On ne voulait pas les inviter mais il fallait **qu'on les invite**.

  On ne voulait pas les inviter mais il (   ) (   ).

3 Elle était très gentille mais maintenant elle est moins **gentille**.

  Elle était très gentille mais maintenant elle (   ) (   ).

Exercice 3

CD 82

質問を聞いて，モデルにならって中性代名詞の le を用いて答えなさい。

Modèle: Vous croyez qu'elle est sympathique ? – En réalité, elle ne l'est pas.

1) – En réalité,

2) – En réalité,

3) – En réalité,

Soyons plurilingues et pluriculturels! つながろう，世界中の人々と！

> **言語への目覚め**
> **クイズ**
>
> 1. フランス語の複合過去と英語の現在完了の働き，どこが同じで，どこが違っていますか。過去時制と完了アスペクトが同じ形式であらわされているのは，フランス語ですか，それとも英語ですか。
> 2. 過去時制と完了アスペクトのあらわし方に関して，日本語はどちらの言語に近いと思いますか。

■読んで，話して，世界中の人々とフランス語でつながろう！

— Moi, je suis fasciné par *le XVIIIᵉ siècle français*.

— Ah bon, pourquoi ?

— Parce que *c'est le siècle des Lumières : Voltaire, l'Encyclopédie, Versailles, la Révolution française.* C'est extraordinaire.

＊気に入っている外国のことについて話してみましょう。

時制とアスペクト　le temps et l'aspect

複合過去と半過去の違いを考えるとき，動詞があらわしている「時制」と「アスペクト」を区別して考えるとわかりやすくなります。実は，時制には過去・現在・未来の３つしかなく，時間の客観的な区別をあらわしています。つまり，話し手は勝手に過去のことを未来にすることはできないのです。それに対して，アスペクトは話し手が出来事をどのようにとらえているかをあらわします。同じひとつの出来事でも完了しているものとしてあらわすか，未完了のものとしてあらわすか，どちらがより適しているかを判断するのは話し手です。複合過去と半過去，ふたつとも過去時制ですが，アスペクトが違っているのです。前者は「完了」parfait を，後者は「未完了」imparfait をあらわしているのです。世界の言語のなかには，形のうえで時制とアスペクトの区別をしていない言語もあります。さて，日本語は。

フランス語の過去　le français dans le passé

フランス語は，18 世紀に世界の中心だったヨーロッパで世界語 langue universelle の地位を享受し，ヨーロッパ各国の宮廷や上流階級の人々は自国語の代わりにフランス語を使っていました。その一方で各国の民衆はそれぞれの国や地域のことばを使っており，二重言語生活が行われていたのです。当時，フランス本国では国民すべてがフランス語を話していなかったため，フランス語はフランス以外のヨーロッパ各国でより多く使用されていたのです。

フランス大革命にあたり国内の言語事情を調査したグレゴワール神父によれば，少なくとも 600 万人のフランス人はフランス語が分からず，また同数のフランス人もフランス語できちんとした会話をすることができず，フランス語を話せる人口は 300 万人程度で，フランス語の書記能力を持った人はさらに少なかったようです。

フランス語が国内に普及するには 19 世紀末からの公教育の実施を待たねばなりませんでした。

振り返って，日本語の事情はどうだったのでしょうか。

15 Leçon quinze

L'immigration

CD 83

Les immigrés représentent huit pour cent de la
population en France. Dans les années 60, les
immigrés africains ou maghrébins travaillaient
dans les usines françaises. Le pays manquait de
travailleurs. Les industriels en avaient alors recruté
dans les anciennes colonies.

移民はフランスの人口の 8% を占めています。60 年代では，アフリカやマグレブからの移民がフランスの工場で働いていました。国内には労働者が足りなかったのです。そこで産業界は旧植民地から労働者を雇用したのです。

> Les industriels en avaient alors recruté dans les anciennes colonies.
> avaient は avoir の半過去形で，recruté は recruter の過去分詞です。さて，この二つの働きは？

① 直説法大過去 CD 84

大過去 ＝ avoir または être の半過去形＋過去分詞

＊大過去形は，形も用法も英語の「過去完了形」と似ている。

danser

j'	avais dansé	nous	avions dansé
tu	avais dansé	vous	aviez dansé
il(elle)	avait dansé	ils(elles)	avaient dansé

＊覚えているかな？
過去分詞の作り方 → 38 ページ

partir

j'	étais parti(e)	nous	étions parti(e)s
tu	étais parti(e)	vous	étiez parti(e)(s)
il	était parti	ils	étaient partis
elle	était partie	elles	étaient parties

＊覚えているかな？
助動詞 avoir と être の使い分け → 55 ページ
過去分詞の一致 → 56 ページ

Exercice 1

助動詞に注意して，(　　　) 内の動詞を大過去形にしなさい。

1) j' (　　　　　　) (jouer)　　　　　4) nous (　　　　　　) (partir)

2) tu (　　　　　　) (acheter)　　　　5) vous (　　　　　　) (arriver)

3) elle (　　　　　　) (se promener)　　6) ils (　　　　　　) (prendre)

用法

1) 過去のある時点にすでに完了している出来事

Le train **était parti** quand je suis arrivé à la gare.

2) 過去の習慣的行為に先立つ別の習慣的行為

Quand mon mari **avait fini** de travailler, nous allions faire des courses.

3) 過去における過去（時制の一致）：主節の動詞が過去で、従属節 (que...) の出来事が主節よりも以前のことである場合

Elle m'a dit qu'elle **s'était mariée** avec Jean-Marc.

Exercice **2**

（　　）内の (助) 動詞を適当な形にして書きなさい。

1) Quand j' (　　　　　) commencé à l'aimer, elle (　　　　　) déjà décidé de me quitter. (avoir / avoir)

2) Quand nous (　　　　　) fini nos devoirs, nous (　　　　　) de la musique. (avoir / écouter)

3) Il m' (　　　　　) demandé si nous (　　　　　) passé des vacances agréables cet été. (avoir / avoir)

Les industriels **en** avaient alors recruté dans les anciennes colonies.

en は **des travaileurs** の代わりをする代名詞だよ。 よく使われるから, しっかりマスターしてね。

2 代名詞 **en**

1) 直接目的語の働きをしている

a) 「不定冠詞 des・部分冠詞＋名詞」全体のかわりに

— Tu manges des escargots ?

— Oui, j'**en** mange. (→ je mange **des escargots**)

— Vous avez pris du café ?

— Non, je n'**en** ai pas pris. (→ je n'ai pas pris **de café**)

en の位置

(n') + **en** + 動詞 + (pas)

(n') + **en** + 助動詞 (avoir, être) + (pas) + 過去分詞

* 「un(une) + 名詞」には, この規則は適用されない。
un(une) は数詞と見なされる。
- Vous avez des enfants ?
- Oui, j'en ai **un**. (← un enfant)

* (ne) + 助動詞 + (pas) + en + 不定詞 : Je vais **en** manger.

Exercice **3**

太字部分は直接目的語になっている。 **en** を用いて文全体を書き換えなさい。

1) Tu as **des enfants** ? →

2) Je n'ai pas **d'argent**. →

3) Tu veux encore **du café** ? →

4) Vous voulez encore **du pain** ? →

5) J'ai acheté **des carottes**. →

6) Avez-vous acheté **des carottes** ? →

Apprenons en autonomie sur le net ! ネットでも自律学習しよう！

1 代名詞 en（つづき）

1) 直接目的語の働きをしている

　b)「数詞・数量表現 ＋名詞」の名詞のかわりに

　　– Vous voulez combien d'huîtres ?

　　– J'**en** voudrais six. (← je voudrais **six huîtres**)

　　– Tu n'as pas de DVD ?

　　– Si, j'**en** ai beaucoup. (← j'ai beaucoup **de DVD**)

＊数量表現：

un peu de ... 少しの〜（がある）；

peu de ... 少しの〜（しかない）；

assez de ... 十分な〜；

plusieurs ... いくつかの〜；

combien de ... いくつの〜

Exercice 1

太字の直接目的語を代名詞にして，文全体を書きかえなさい。

1) Tu veux **un peu d'eau** ? →

2) On n'a pas **assez de temps**. →

3) Vous voulez **combien de carottes** ? →

4) Il y a **plusieurs lettres**. →

5) Donnez-moi **deux paquets**. →

2) 前置詞句「de 〜」のかわりに

— Il **revient du** Japon lundi ?

— Non, il **en** revient mardi. (← il revient **du Japon** mardi)

— Tu as parlé de ça à qui ?

— J'**en** ai parlé à mes parents. (← j'ai parlé **de ça** à mes parents)

— As-tu besoin d'étudier pour ton examen ?

— Oui, j'**en** ai besoin. (← j'ai besoin **d'étudier pour mon examen**)

＊「de + 人」の場合は，en ではなくて，「de + 強勢形」の代名詞を使う。

-Tu lui as parlé de te**s** enfants ?

- Non, mais je dois lui parler d'**eux**.

Exercice 2

太字の部分を代名詞を用いて文全体を書き換えなさい。

1) Il est content **de cette décision**. →

2) Il a peur **des chiens**. →

3) Il vient **de Nice**. →

4) Il connaît tous les coins **de cette ville**. →

2 en と le, la, les の使い分け

1) 直接目的語になっている定名詞句（定冠詞 / 指示形容詞 / 所有形容詞 + 名詞），固有名詞 → **le, la, les**

2) 直接目的語になっている不定名詞句（不定冠詞 / 部分冠詞 + 名詞）→ **en**

＊覚えているかな？

le, la, les → 50 ページ

＊ en は名詞の性・数に関係なく使う。

Soyons plurilingues et pluriculturels! つながろう，世界中の人々と！

<table>
<tr><td>言語への目覚め
クイズ</td><td>1. 日本の総人口に占める在留外国人数は，増え続けています。在留外国人数の出身国別の上位 5 カ国は次のとおりです。順位をつけてみましょう。
（　　）韓国　　　　　（　　）中国　　　　（　　）フィリピン
（　　）ブラジル　　　（　　）ベトナム
2. フィリピン，ブラジル，ベトナムでは，どんな言語が話されているのでしょうか。フランス語と似ているのは，どの言語でしょう。</td></tr>
</table>

■読んで，話して，世界中の人々とフランス語でつながろう！

— *Karim*, c'est un prénom typiquement français ?

— Non. Mes parents sont *algériens* mais je suis né en France. Je viens de *Toulon*.

— *Toulon* ? C'est où ?

— C'est dans le *sud* de la France, près de *Marseille*.

*移民の親を持つフランス人と話してみましょう。

Aurisia	Tuan	Malika
portugais	vietnamien(s)	marocain(s)
St Nazaire	Colmar	Montauban
nord-ouest	nord-est	sud-ouest
Nantes	Strasbourg	Toulouse

フランスの移民政策　la politique d'immigration en France

　フランスは 19 世紀半ばから移民を受け入れ，移民を社会に統合することにより構築されました。当時はポーランド，イタリア，ベルギーなどヨーロッパ諸国からの移民が中心でしたが，とりわけ第 2 次世界大戦以降，1945 年から 1974 年までの経済成長期に当たる「栄光の 30 年間」Trente glorieuses には，北アフリカやブラック・アフリカなどの旧植民地から労働者が呼び寄せられました。

　単純労働者の呼び寄せは 1976 年に終わりましたが，それ以降，家族の呼び寄せが引き続き認められており，現在のフランスには 8% 程度の移民が居住しているといわれています。19 世紀以来，フランスは原則として，フランスで生まれた者に国籍を付与する「出生地主義」droit du sol を国是としているため，移民 2 世はフランス人となり，移民，移民 2 世ならびに外国人を数えると人口の 15% に上ると推定されます。

　日本の移民政策にはどのような特徴があるでしょうか。

*この課題について，さらに深く考えたいと思う方には，次の図書を薦めます。
　パトリック・ヴェイエ(2019)『フランス人とは何か——国籍をめぐる包摂と排除のポリティック』明石書店

16 Leçon seize

Un bel espoir pour l'avenir des DOM-TOM (CD 85)
Dans quelques années, l'exploitation de l'énergie du vent et de la mer remplacera probablement celle du pétrole. Cela donnera un nouvel élan à la France des DOM-TOM. En effet, la Martinique, la Réunion ou Mayotte par exemple, couvrent un vaste espace maritime. Ce sera un atout important dans l'avenir.

海外県・地域ならびに海外領土の将来にむけた胸おどる望み

数年後には風力発電や海水発電が開発され，おそらく石油火力発電に取って代わるでしょう。これは海外県・地域・領土を持つフランスにとって新たな飛躍を与えることになるでしょう。実際，マルティニックやレユニオン，マイヨットなどは広大な海洋空間に拡がっています。これは将来に向けた重要な切り札になるでしょう。

> Cela donnera un nouvel élan à la France des DOM-TOM.
> donnera は donner の未来形だよ。語尾で未来時制であることをあらわしているんだ。

① 直説法単純未来 (CD 86)

danser

je	danse**rai**	tu	danse**ras**	il(elle)	danse**ra**
nous	danse**rons**	vous	danse**rez**	ils(elles)	danse**ront**

＊単純未来形の活用語尾には例外はない。nous と vous を除いて，「r + avoir の活用形」。

Exercice **1**

（　　）内に chanter の活用形を書きなさい。

je	（　　　　）	tu	（　　　　）	il(elle)	（　　　　）
nous	（　　　　）	vous	（　　　　）	ils(elles)	（　　　　）

用法

1) 未来のことを表す。
　Il **pleuvra** demain.
　Dans vingt ans, j'**aurai** trente ans.
　J'**irai** à la montagne cet été.
　Quand Mathieu **sera** grand, il **sera** pompier.
2) 命令，依頼，誘いを表す。
　Tu me **téléphoneras** !

＊近接未来：
　1) すぐに実行されること
　2) 現在の状況から判断して，実現される可能性が高いこと
＊単純未来：
　1) 自然のなりゆきで実現されること
　2) 現在の状況とは関係なく，将来実現される可能性があること

■単純未来の活用形の作り方 (1)

1) 多くの動詞：不定詞の語尾を取って作る

・不定詞 -ir → r を取ったもの＋活用語尾

finir → fini → je fini**rai**

・不定詞 -re，oir → re，oir を取ったもの＋活用語尾

répondre → répond → je répond**rai**

devoir → dev → je dev**rai**

＊ courir (je courrai), mourir (je mourrai) などは例外。

＊ -oir には，例外もたくさんある。

Exercice **2**

（　　）に réussir の単純未来形の活用形を書きなさい。

je （　　　　　　）	tu （　　　　　　）	il(elle) （　　　　　　）
nous （　　　　　　）	vous （　　　　　　）	ils(elles) （　　　　　　）

Exercice **3**

（　　）に prendre の単純未来形の活用形を書きなさい。

je （　　　　　　）	tu （　　　　　　）	il(elle) （　　　　　　）
nous （　　　　　　）	vous （　　　　　　）	ils(elles) （　　　　　　）

Un bel espoir pour l'avenir des DOM-TOM.
bel は，beau, belle と同じ意味の形容詞だよ。単数形が三つもあるんだ。

2 形容詞の性と数 (3) 男性単数第 2 形 CD 87

二つの男性単数形を持つ形容詞もある。次の形容詞については，母音または無音の h ではじまる単数の男性名詞の前では「男性単数第 2 形」と呼ばれる形を用いる。

男性形	男性第 2 形	女性形	例
beau	**bel**	belle	un bel homme
nouveau	**nouvel**	nouvelle	un nouvel élève
vieux	**vieil**	vieille	un vieil ami

Exercice **4**

適当と思われる形の形容詞を書きなさい。

1) un **beau** garçon　un (　　　) homme　une (　　　) fille
   des (　　) garçons　des (　　) filles
2) un **nouveau** professeur　un (　　) ordinateur　une (　　　) voiture
   des (　　) professeurs　des (　　) voitures
3) un **vieux** monsieur　un (　　) ami　une (　　　) amie
   des (　　) messieurs　des (　　) amies

Apprenons en autonomie sur le net ! ネットでも自律学習しよう！

① 直説法単純未来（つづき）

単純未来の活用形の作り方

2) ER 規則動詞：現在形の je の活用形から作る。

    je **danse** → je **danserai**　j'**achète** → j'**achèterai**

* appeler (j' appellerai)
* préférer, envoyer などは例外。

Exercice 1

（　）内に appeler の単純未来形の活用形を書きなさい。

je	（　　　　）	tu	（　　　　　）	il(elle)	（　　　　）
nous	（　　　　）	vous	（　　　　　）	ils(elles)	（　　　　）

---

3) 不規則なもの：

    aller → j'**irai**　　être → je **serai**　　avoir → j'**aurai**
    faire → je **ferai**　venir → je **viendrai**, etc.

* pouvoir (je pourrai)
  vouloir (je voudrai)
  savoir (je saurai)
  voir (je verrai)

Exercice 2　CD 88　net 3

質問を聞いて，モデルにならって答えなさい。

  jouer au tennis テニスをする　jouer au foot サッカーをする　faire du ski スキーをする
  nager dans la piscine プールで泳ぐ　aller à la montagne 山へ行く

Modèle : Tu joueras au tennis demain ? – Oui, je jouerai au tennis.

1) – Oui,　　　　　　　　　　　　　3) – Oui,
2) – Oui, nous　　　　　　　　　　4) – Oui,

---

② 目的語として用いられる代名詞の併用

直接目的語と間接目的語の代名詞を二つ並べて使うときには，
次のことに注意。

1) 直接目的語が le, la, les の場合だけで，me, te, nous, vous の場
合はできない。

  ○　直接目的語 (le, la, les) + 間接目的語
  ×　直接目的語 (me, te, nous, vous) + 間接目的語

2) 間接目的語が me, te, nous, vous の場合と lui, leur の場合とで
は，間接目的語と直接目的語の順序が変わる。

  間目 (**me, te, nous, vous**) + 直目 (**le, la, les**)
  直目 (**le, la, les**) + 間目 (**lui, leur**)

Tu **me** présentes **Éric** ? – Oui, je **te le** présente.
Elle **leur** présente **Éric** ? – Oui, elle **le leur** présente.

* me, te, nous, vous が直接目
的語の場合は，間接目的語は
強勢形を使う。
Je te présente à elle.
cf. Je te la présente.

*語順は，何度も発音して語呂
で覚えるのが一番いい。

*肯定命令文は例外，つねに次
の語順。
動詞 + 直接目的 (le, la, les) +
間接目的 (moi, toi, nous, vous,
lui, leur)

Soyons plurilingues et pluriculturels!　つながろう，世界中の人々と！

言語への目覚め クイズ

1. フランス語は，英語に次いで，世界で2番目に多くの国で公用語として使われている言語です。さて，フランス語を公用語にしている国はいくつあるでしょうか。
   1　約10カ国　　2　約20カ国　　3　約30カ国　　4　約40カ国
2. なぜ多くの国でフランス語を公用語にしているのでしょうか。その理由を話し合ってみましょう。

■読んで，話して，世界中の人々とフランス語でつながろう！

— Cet été, je vais aller *en Martinique*.
— Ah bon, c'est où ?
— *Dans les Caraïbes*. C'est un département
　d'outre-mer de la France.
— Tu as de la chance. Moi, je vais rester au Japon
　pendant l'été.

＊ヴァカンスでフランスの海外県に行く外国人と話してみましょう。

en Guadeloupe	à la Réunion	en Guyane française
dans les Caraïbes	dans l'Océan Indien	en Amérique du Sud

植民地と海外県　les colonies et les départements d'Outre-Mer

　フランスは17世紀以降並びに19世紀後半から国外に進出し，植民地拡大を行い，広大な植民地帝国を構築しました。19世紀以前に獲得した植民地の多くは1945年以降に海外県として編成され，19世紀以降に侵略した植民地の多くは第2次世界大戦以降に独立しました。

　現在，フランスの海外県は，グアドループ（カリブ海），マルティニーク（カリブ海），ギュイヤンヌ・フランセーズ（南米大陸のカリブ海沿岸），レユニオン（インド洋）に展開し，海外準県にはサンピエール・エ・ミクロン（北大西洋，カナダの東），マヨット（インド洋），ウォリス・フツナ（オセアニア），フランス領ポリネシア（オセアニア），サン・マルタン（カリブ海），サン・バルテルミー（カリブ海）があり，ニューカレドニア（オセアニア）は特別共同体の地位にあります。

　フランスの海外県などに相当する自治体は，日本にあるでしょうか。

＊この課題について，さらに深く考えたいと思う方には，次の図書を薦めます。
　平野 千果子（2002）『フランス植民地主義の歴史―奴隷制廃止から植民地帝国の崩壊まで』人文書院

17 Leçon dix-sept

Le Pacs (CD 89)

Le Pacte Civil de Solidarité (le Pacs) est un contrat entre deux personnes de même sexe ou de sexe différent voulant vivre ensemble. En permettant à un couple de s'unir et de rompre plus facilement, il est devenu pour les jeunes Français une sorte de « mariage sans engagement ».

連帯市民協約（パックス）は，同性間あるいは異性間で共同生活を望む二人が取り交わす契約です。これにより，カップルはより簡単に同棲をしたり，関係を解消したりすることができるようになったので，連帯市民協約（パックス）は若いフランス人にとって一種の「契約なき結婚」となったのです。

... deux personnes de même sexe ... voulant vivre ensemble.
voulant は vouloir の現在分詞形で，-ant は英語の -ing のようなものだよ。

❶ 現在分詞の作り方

現在分詞：1) 直説法現在 nous の活用語尾 ons を取る。
2) ant をつける。

＊次の 3 つの動詞は例外
être → étant
avoir → ayant
savoir → sachant

nous dans**ons** → dans**ant**　　nous finiss**ons** → finiss**ant**

Exercice 1

次の動詞の現在分詞を書きなさい。

1) chanter (	)	5) faire (	)	9) avoir (	)
2) lire (	)	6) mettre (	)	10) savoir (	)
3) attendre (	)	7) boire (	)	11) partir (	)
4) être (	)	8) voir (	)	12) réfléchir (	)

❷ 現在分詞の形容詞的用法

現在分詞の形容詞的用法：能動的意味「～ている」

1) 形容詞と同じように名詞を修飾する用法：
C'est un appartement avec deux porte-fenêtres **donnant** sur le jardin.
2) 属詞（補語）としての用法：
J'ai vu une lumière **traversant** le ciel.

Exercice **2**

（　　）内の動詞を現在分詞にして文を作り，次に文全体を日本語に訳しなさい。

1) J'aime les chiens (　　　) à leurs maîtres. (obéir)

2) La route (　　　) par les hautes montagnes offre un beau panorama sur la mer. (passer)

3) Un avion (　　　　) 215 personnes s'est écrasé en Russie. (transporter)

4) Tout pays (　　　) partie de l'Union européenne doit respecter la Charte des droits fondamentaux de l'Union. (faire)

5) La loi (　　　) la protection de l'environnement vise à assurer un environnement sain en harmonie avec le développement économique. (concerner)

6) Un arrêt de la Cour de cassation a annulé une décision (　　　) l'adoption de l'enfant par la compagne du père. (admettre)

En permettant à un couple de s'unir et de rompre ..., il est devenu ...
「前置詞の en + 現在分詞（**permettant**）」で，英語の分詞構文とちょっと似た働きをするんだよ。

3 ジェロンディフ

ジェロンディフ：**en** + 現在分詞

基本的用法：ジェロンディフは主動詞に副詞的にかかり，同時
　　　　　　進行する行為「〜しながら」を表す

Il étudie **en écoutant la radio**.
On apprend le français **en écoutant un CD**.
Tu peux réussir **en faisant des efforts**.
En apprenant la nouvelle de sa mort, elle a pleuré.
Tout en paraissant jeune, il connaît plein de choses.

＊分詞構文 → 90 ページ

＊さまざまな用法
1) 同時性「〜しながら」
2) 手段「〜によって，して」
3) 条件「〜すれば」
4) 原因「〜ので，して」
5) 対立「〜なのに」

Exercice **3**

（　　）内の動詞をジェロンディフにして文を作り，次に文全体を日本語に訳しなさい。

1) Il conduit (　　　　) de la musique. (écouter)

2) Il a gagné beaucoup d'argent (　　　　) au loto. (jouer)

3) Tu arriveras à temps (　　　　) un taxi. (prendre)

4) (　　　　) Murielle dans la rue, il a été surpris. (voir)

5) Tout (　　　　) la vérité, il n'a rien dit. (savoir)

6) (　　　　) sur cette observation, on peut déduire plusieurs attributs fonctionnels des espèces végétales. (se baser)

7) Les grands métaphysiciens du XVIIᵉ siècle ont construit leurs systèmes (　　　　) sur celui de Descartes. (réfléchir)

Apprenons en autonomie sur le net ! ネットでも自律学習しよう！

①　間接疑問文

1) 疑問詞なしの疑問文：**si** を加える。

Je ne sais pas **si** vous vous souvenez de moi.

J'ignore **si** vous êtes comme moi.

2) 疑問代名詞のある疑問文：次の疑問代名詞は変化する。

> qu'est-ce qui → ce qui
> que, qu'est-ce que → ce que
> qui est-ce qui / qui est-ce que → qui

Je me demande **ce qui** s'est passé.

Tu sais **ce que** c'est ?

Miroir, dis-moi **qui** est la plus belle.

3) 疑問副詞（形容詞）のある疑問文：疑問副詞（形容詞）は変化しない。

Tu sais **pourquoi** j'aime le crépuscule.

J'ignore complètement **quelle** est la situation aujourd'hui.

＊ Est-ce que はとる。
＊ si（英語の if）の後の主語と動詞は倒置しない。

＊覚えているかな？
　疑問代名詞 → 42 ページ

＊ Qu'est-ce qui s'est passé ?
＊ Qu'est-ce que c'est ?
＊ Qui (est-ce qui) est la plus belle ?

＊疑問詞の後が名詞主語と動詞だけのときは，ふつう倒置する。

練習問題はネットにあるから，やってね！

②　時制の一致

主節の動詞が過去時制のとき、従属節の時制は次のようになる。

> 現在 → 半過去　　　　複合過去 → 大過去
> 単純未来 → 条件法現在　　前未来 → 条件法過去

Elle m'a dit qu'elle ne l'**aimait** plus.

Elle m'a dit qu'elle l'**avait quitté**.

Elle m'a dit qu'elle **aurait** un enfant.

Elle m'a dit qu'elle **aurait fini** sa thèse de doctorat avant trente ans.

＊半過去は変化しない：
　半過去 → 半過去が原則
＊条件法現在 → 78 ページ
＊条件法過去 → 84 ページ
＊ « Je ne l'aime plus. »
＊ « Je l'ai quitté. »
＊ « J'aurai un enfant. »
＊ « J'aurai fini ma thèse de doctorat avant trente ans. »

Soyons plurilingues et pluriculturels!　つながろう，世界中の人々と！

1．次の項目について，韓国と日本，どちらが高いでしょうか。
　　1　貿易依存度　　2　大学進学率　　3　TOEFL スコア　　4　自殺率　　5　離婚率
2．朝鮮語（韓国語）と日本語の類似点，相違点を調べてみましょう。
3．韓国で学習者が多いのは，日本語でしょうか，それともフランス語でしょうか。

■読んで，話して，世界中の人々とフランス語でつながろう！

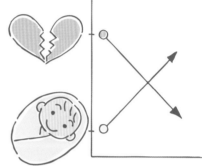

— Tu te souviens de Sébastien et Gaëlle, mes amis français ? Ils viennent de se pacser.

— C'est bien ! Comme ça, ils contribuent à la baisse du taux de divorce en France. Tu sais, le taux de divorce est moins élevé en France qu'*en Corée* et le taux de natalité est plus élevé en France qu'*en Corée*.

— C'est vrai ? À ce moment-là, il ne faut pas oublier non plus que le Pacs contribue à la hausse du taux de natalité.

＊まず次の国々の離婚率と出生率を調べて，次にフランスと比較しながら話してみましょう。

en Allemagne　　en Angleterre　　en Espagne　　au Portugal

連帯市民協約（パックス法）　le Pacs

　連帯市民協約（パックス法）とは，18 歳以上の成人が共同生活を送る上での契約で，これにより税金の優遇措置などが可能となります。1999 年の導入時には締結の約 4 割が同性間のものでしたが，近年では 1 割以下となっており，2008 年の統計によれば，結婚をする 2 組に 1 組のカップルが連帯市民協約を締結しています。この制度は事実婚 union libre と結婚 mariage の中間に位置づけられるものとなったのです。

　連帯市民協約とならんでフランス社会，とりわけ男女の平等に変革をもたらした法はパリテ法です。民主主義の母国を自負するフランスは 1944 年になってようやく女性の参政権 droit de vote を導入しましたが，その後の政界への女性の進出も大変限られたものでした。しかし 1999 年のパリテ法の導入により女性議員の増加は進められ，2019 年には国会議員の 36.9% が女性で，閣僚については半数が女性です。

　一方，日本の女性議員の比率は 13.8% で，世界の 144 位にとどまっています。

＊この課題について，さらに深く考えたいと思う方には，次の図書を薦めます。
イレーヌ・テリー（2019）『フランスの同性婚と親子関係──ジェンダー平等と結婚・家族』明石書店

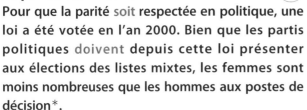

Leçon dix-huit

La parité hommes-femmes CD 90

Pour que la parité soit respectée en politique, une loi a été votée en l'an 2000. Bien que les partis politiques doivent depuis cette loi présenter aux élections des listes mixtes, les femmes sont moins nombreuses que les hommes aux postes de décision*.

パリテ（男女同数性）が政界で尊重されるようにと，2000年に法案が可決されました。この法が可決されてからというもの，政党は男女混合の被選挙人名簿を選挙に提示しなければならないのですが，決定権を持った職位*につく女性は男性よりも少ない人数となっています。

＊大臣や議会の委員長，政党の役職などを指す。

> Pour que la parité soit respectée en politique, une loi a été votée en l'an 2000.
> soit は être の「接続法」の活用形。でも，「接続法」って，英文法ではあまり出てこなかったよね。

① 接続法現在 CD 91

従属節内（que ～）では，「接続法」と呼ばれる特別の形が使われることがある。直説法と接続法のどちらを使うかは，従属節がどのような表現に導かれているかによって決められる。

＊ 4つの法：直説法，接続法，条件法，命令法
＊ J'espère que tu viens avec moi.
＊従属節中で接続法をとる動詞でも，主節の主語と従属節の主語が同じときには，ふつうは不定詞構文を用いる。
Je veux rester cette nuit avec toi.
＊半過去 → 58 ページ
＊ ER 規則動詞の接続法の活用形は，nous と vous の活用形以外は直説法現在と同じ。

接続法の作り方（1）原則

① je, tu, il(elle), ils(elles) の活用形：
　直説法現在 3 人称複数の語幹 ＋ 接続法の活用語尾
② nous, vous の活用形：半過去の活用形と同じ

prendre

| je prenne | tu prennes | il(elle) prenne |
| nous prenions | vous preniez | ils(elles) prennent |

Exercice 1

chanter の接続法の活用形を作りなさい。

que je （　　　　）　que tu （　　　　）　qu'il(elle) （　　　　）
que nous （　　　　）　que vous （　　　　）　qu'ils(elles) （　　　　）

Exercice 2

venir の接続法の活用形を作りなさい。ヒント：ils(elles) viennent

que je （　　　　）　que tu （　　　　）　qu'il(elle) （　　　　）
que nous （　　　　）　que vous （　　　　）　qu'ils(elles) （　　　　）

用法

1) 主節が願望，必要性，可能性，疑惑，心配，感情などをあらわすとき

Je veux que tu deviennes mon associé.

Luc demande qu'on le comprenne avant de le juger.

Maintenant **il faut** vraiment **que** j'y aille.

Il vaut mieux qu'on se quitte.

Il est possible qu'il pleuve demain.

Elle doute que ce médicament soit efficace.

J'ai peur qu'il (ne) pleuve.

C'est dommage que tu me quittes.

Je serais content que tu viennes.

Je ne pense pas que tu aies raison.

Croyez-vous qu'il soit amoureux de moi ?

* souhaiter, désirer, aimer
* exiger, dire
* il faut, il est nécessaire
* il(c')est impossible
   il semble, c'est rare
* ce n'est pas sûr
* この ne は「虚辞の ne」
   → 92 ページ
* il est regrettable
   être heureux(se)
* 考えをあらわす動詞が否定，
   疑問におかれると，接続法。

2) 接続詞句や前置詞句が目的，譲歩，条件などをあらわすとき

Il a parlé lentement **pour qu'**elle comprenne.

Elle est partie à la montagne **quoiqu'**il fasse mauvais.

La fête aura lieu **à moins qu'**il (ne) pleuve.

Rentrons **avant qu'**il (ne) pleuve.

* afin que
* bien que, quoi que
* sans que, de peur que
* jusqu'à ce que

Exercice 3

次の命令文を指示されているように書きかえなさい。

1) Viens avec moi. → Je veux que

2) Sois gentil avec moi. → Je souhaite que

3) Faites cet exercice. → Je désire que

4) Arrivons à l'heure. → J'exige que

Exercice 4

日本語の意味にあうように，フランス語の文を完成しなさい。

1) (   ) que tu (   ) ton examen de français. (réussir)
   きみがフランス語の試験に受かるなんてありえない。

2) (   ) que vous (   ) pour la Chine. (partir)
   あなたが中国へ行ってしまうのは残念だ。

3) Écris-moi plus souvent (   ) que nous nous (   ) mieux. (connaître)
   私たちがもっとよく知り合うために，もっと頻繁に私に手紙を書いて。

4) Je ne te croirai pas, (   ) que tu (   ) . (dire)
   きみが何と言おうと，僕はきみを信じないだろう。

Apprenons en autonomie sur le net ! ネットでも自律学習しよう！

① 接続法現在（つづき）

接続法の作り方（2）例外

① nous，vous 以外は特別な語幹になるもの：aller　vouloir
② 全人称特別な語幹になるもの：faire　savoir　pouvoir
③ 語幹，語尾ともに例外的なもの：avoir　être

＊aller : j'aille
　vouloir : je veuille
＊faire : je fasse
　savoir : je sache
　pouvoir : je puisse

avoir

j'	**aie**	tu	**aies**	il(elle)	**ait**
nous **ayons**		vous **ayez**		ils(elles) **aient**	

être

je	**sois**	tu	**sois**	il(elle)	**soit**
nous **soyons**		vous **soyez**		ils(elles) **soient**	

Exercice 1

（　　　）内の動詞を適当と思われる接続法の活用形にしなさい。

1) Elle veut que j' (　　　　　　) en Chine. (aller)
2) Elle veut que nous (　　　　　　) en Chine. (aller)
3) Elle veut que tu (　　　　　) la cuisine. (faire)
4) Elle veut que vous (　　　　　) la cuisine. (faire)
5) Elle veut qu'il (　　　　) son nom. (savoir)
6) Elle veut qu'ils (　　　　) son nom. (savoir)
7) Elle veut que j' (　　　　) un studio meublé. (avoir)
8) Elle veut que nous (　　　　　) un studio meublé. (avoir)
9) Elle veut qu'il (　　　　) auprès d'elle. (être)
10) Elle veut qu'ils (　　　　) auprès d'elle. (être)

Exercice 2

日本語の意味にあうように，フランス語の文を完成させなさい。

1) (　　　　　) qu'il (　　　) beau demain. (faire)
　あすは晴れそうだ。
2) (　　　　) qu'il (　　　) beaucoup dans cette région. (neiger)
　この地方で雪がたくさん降ることはまれだ。
3) (　　　　　) que je (　　　) toujours avec elle. (être)
　いつも彼女といっしょにいてあげる必要がある。
4) Ce voyage a été organisé (　　) qu'on me (　　　) mon avis. (demander)
　私の意見を聞かないで，その旅行は企画された。
5) Je te donne quelques derniers conseils (　　) que tu (　　　) bien réussir. (pouvoir)
　きみが成功することができるように最後のアドバイスをいくつかするよ。
6) Ferme la porte (　　　) que notre bébé ne (　　　) froid. (prendre)
　赤ちゃんが風邪をひくといけないから，ドアを閉めて。

Soyons plurilingues et pluriculturels! つながろう，世界中の人々と！

日本語の「法」のあらわし方について考えてみましょう。日本語では「法」はどのようにあらわされていますか。フランス語や英語の「法」のあらわし方と同じですか，それとも違っていますか。

ヒント：命令，禁止，否定，断定，仮定，願望などを日本語でどのようにあらわしますか。

■読んで，話して，世界中の人々とフランス語でつながろう！

— Il y a combien de femmes ministres dans le gouvernement *français* actuel ?

— Il y en a *9* sur *17* ministres.

— Dis donc, *il y en a beaucoup !* Au Japon, *par contre*, il n'y en a que *1* sur *20* ministres.

（2019 年 8 月現在）

* まず次の国々について現在の女性大臣の数を調べて，次にその数について話してみましょう。

coréen	italien	finlandais	allemand	anglais	mexicain	rwandais
il n'y en a pas beaucoup !		également, ...				

「法」とは　Qu'est-ce que le mode ?

　フランス語には，「直説法」，「命令法」，「条件法」，「接続法」という四つの「法」があります。この「法」とは，ある出来事に対して話し手がとるスタンスによる色づけのことです。それが事実であるというスタンスをとるなら「直説法」を，それが実現されることを望むという色づけをしたいなら「命令法」を，それはあくまでも仮定であるというスタンスをとるなら「条件法」を使います。でもこのような色づけを文の他の部分があらわしてしまう場合もあります。そのような場合に使うのが「接続法」です。ですから，接続法におかれた動詞はなにも色づけされていないのです。たとえば，Je veux que tu deviennes ma femme. では，「実現されることを望む」という色づけをしているのは Je veux que です。色づけするためには，色づけされていない無色である必要があるのです。二カ所で色づけされていては，聞き手に話し手のスタンスがわからなくなってしまいます。さて，日本語ではこのような色づけはどうなっているのでしょうか。

---

* フランス語の「法」についてもっと知りたい方は，大橋保夫他（1993）『フランス語とはどういう言語か』（駿河台出版社）の第 1 部の第 2 章，東郷雄二（2011）『中級フランス語　あらわす文法』（白水社）の第 6 章を読んでください。

19 Leçon dix-neuf

Les vins français

CD 93

Les vins français sont menacés par les vins du « nouveau monde ». Le prix des vins du Chili, d'Amérique ou d'Australie expliquerait en grande partie la hausse de leurs exportations. Pour augmenter les siennes, la France serait alors obligée de suivre les prix du marché.

フランスワインは「ニューワールド」ワインに脅かされています。チリやアメリカ，オーストラリアワインの輸入が増加している主な原因は，その価格にあるのかもしれません。そこでフランスはフランスワインの輸出を増やすために，市場価格に従わざるを得なくなるかもしれません。

> Le prix des vins du Chili, ... expliquerait ... la hausse de leurs exportations.
> expliquerait は expliquer の「条件法」の形だよ。「条件法」は英語の「仮定法」と似ているよ。

1 条件法現在　**CD 94**

条件法の作り方

> 条件法現在＝単純未来形の語幹＋半過去の活用語尾

＊覚えているかな？
単純未来 → 66 ページ
半過去 → 58 ページ
＊条件法過去
→ 84 ページ

danser

| je danse**rais** | tu danse**rais** | il(elle) danse**rait** |
| nous danse**rions** | vous danse**riez** | ils(elles) danse**raient** |

Exercice 1

acheter の条件法現在の活用形を書きなさい。

| je (|) | tu (|) | il(elle) (|) |
| nous (|) | vous (|) | ils(elles) (|) |

Exercice 2

réussir の条件法現在の活用形を書きなさい。

| je (|) | tu (|) | il(elle) (|) |
| nous (|) | vous (|) | ils(elles) (|) |

Exercice 3

aller の条件法現在の活用形を書きなさい。

| je (|) | tu (|) | il(elle) (|) |
| nous (|) | vous (|) | ils(elles) (|) |

Exercice 4

pouvoir の条件法現在の活用形を書きなさい。

| je (|) | tu (|) | il(elle) (|) |
| nous (|) | vous (|) | ils(elles) (|) |

用法

1) 現在・未来の事柄に関する断定を避け、語調を和らげる。

Je te **suivrais** jusqu'au bout du monde.

Je **voudrais** un bon vin.

2) 現在・未来の事実に反する仮定の結果をあらわす。

Si + 直説法半過去, …… 条件法現在

Si j'étais champion de tennis, je **serais** plus heureux.

3) 過去における未来（→ 時制の一致）

Elle m'a dit qu'elle **étudierait** en France.

＊推測，伝聞をあらわす用法：
Le prochain round des pourparlers à six aurait lieu dans les deux mois.

＊条件法を用いるのは，条件節ではなくて，結果節であることに注意！

＊ Elle m'a dit : « J'étudierai en France. »

Exercice 5

（　　）内の動詞を条件法にして文を作り，次に文全体を日本語に訳しなさい。

1) Je (　　　　) déguster ce vin rouge, un nuits-saint-georges 2006. (vouloir)

2) (　　　　)-je avoir encore un peu de vin, s'il vous plaît ? (pouvoir)

3) Les vins français (　　　　) aujourd'hui dans une situation encore plus difficile. (être)

4) Si les vins français étaient meilleurs et moins chers, ils (　　　　) mieux, non ? (se vendre)

5) Ce viticulteur nous a dit que cette vigne (　　　　) un grand cru. (produire)

Les vins français sont menacés par **les vins du « nouveau monde ».**
フランス語の受動態（受身形）は英語と同じ形をしているから，簡単だよ。

2 受動態

être + 他動詞の過去分詞（**+ par (de)** + 動作主）

Mon ordinateur **est infecté par** un virus.

Elle **est attirée par** le métier d'architecte.

Versailles **a été copié par** plusieurs autres rois.

Ils **ont été renversés par** un camion.

＊受動態の複合過去形：
avoir の現在形 + été + 過去分詞

＊過去分詞は主語の性・数に一致する。

＊ Elle est aimée(connue) de tous.

Exercice 6

（　　）内の動詞を用いて，現在形の受動態の文を作り，次に文全体を日本語に訳しなさい。

1) Elle (　　　　) par la police. (rechercher)

2) Ils (　　　　) par votre proposition. (intéresser)

3) Je (　　　　) par le remords. (obséder)

4) À l'est, ce pays (　　　　) par le golfe du Mexique. (limiter)

5) Le génome (　　　　) par un cancérogène chimique. (endommager)

6) Ce vin (　　　　) par le Domaine Benoit Badoz. (produire)

7) En Champagne, la vigne (　　　　) par les vignerons. (cultiver)

Apprenons en autonomie sur le net !　ネットでも自律学習しよう！

Pour augmenter **les siennes**, la France serait alors obligée de suivre les prix …
les siennes は **ses exportations** の代わりをする「所有代名詞」と呼ばれる代名詞だよ。

1 所有代名詞 CD 95　　　　　　　　　　　　　　　　　　　　　　net 2

		男性・単数	女性・単数	男性・複数	女性・複数
単数	1	le mien	la mienne	les miens	les miennes
	2	le tien	la tienne	les tiens	les tiennes
	3	le sien	la sienne	les siens	les siennes
複数	1	le nôtre	la nôtre	les nôtres	
	2	le vôtre	la vôtre	les vôtres	
	3	le leur	la leur	les leurs	

＊次の英語の所有代名詞に相当する。
mine「私のもの」
yours「きみのもの」
his / hers「彼（女）のもの」
ours「私たちのもの」
yours「あなた（がた）のもの」
theirs「彼（女）らのもの」

所有形容詞＋名詞　→　定冠詞＋所有代名詞

所有代名詞は代名詞化する名詞の性と数によって形が変わる。

Votre pantalon est plus beau que **le sien**. (← son pantalon)
Votre veste est plus belle que **la sienne**. (← sa veste)
Vos gants sont plus beaux que **les siens**. (← ses gants)
Vos chaussures sont plus belles que **les siennes**.

(← ses chaussures)

＊所有代名詞はいつも定冠詞とともに用いる。

＊所有者の性に一致するのではなく、所有されているものの性に一致する。

Exercice 1　　　　　　　　　　　　　　　　　　　　　　　　　　　　　　net 2

（　　　）内に適当と思われる所有代名詞を書きなさい。
1) Vos cousines sont plus grandes que (　　　　　). 　　　（私の従姉妹たち）
2) Mon frère est plus grand que (　　　　). 　　　　　　（きみの兄さん）
3) Vos parents sont plus grands que (　　　　). 　　　　（彼の両親）
4) Votre sœur est plus grande que (　　　　). 　　　　　（私たちの姉）
5) Ma sœur est plus grande que (　　　　). 　　　　　　（あなたがたの姉さん）
6) Mes parents sont plus grands que (　　　　). 　　　　（彼女らの両親）

ネットには「条件法現在」の練習問題もあるから，やってね！

Soyons plurilingues et pluriculturels! つながろう，世界中の人々と！

言語への目覚め クイズ

1. 在日ブラジル人（国籍がブラジル人で日本に住んでいる人）の人口は？
   1　約10万人　　2　約20万人　　3　約30万人
2. ブラジルの公用語ポルトガル語とフランス語の類似点，相違点を調べて
   みましょう。

■読んで，話して，世界中の人々とフランス語でつながろう！

— Hier, je suis allé à une soirée pour fêter *le beaujolais nouveau*. C'était génial.

— Oui, quand j'habitais à *Paris*, je fêtais *le beaujolais* chaque année. C'est toujours très sympa... Je ne savais pas qu'on le fêtait aussi au Japon.

— Ah bon ! Mais *c'est récent*.

＊日本に住んでいる外国人とそれぞれの国のイベントについて話し
てみましょう。

Noël / Munich	la Saint-Valentin / Milan	Halloween / Détroit
ça fait longtemps		

フランス人とワイン les Français et le vin

　Une journée sans vin est une journée sans soleil.（ワイン抜きの一日は，日の照らぬ一日）
という格言にあるように，フランス人とワインとは切っても切り離せない関係にあります。
フランスのワイン生産量は減少傾向にあるとはいえ，イタリアに次ぎ世界第2位で，世界の
ワイン生産量の15%を占めています。それでも近年フランス人のワイン離れは著しく，
1970年頃までは年間フランス人一人あたり100リットルのワインを消費していましたが，
現在は約50リットルまで減少しています。ちなみに，日本人1人あたりのワイン消費量は
2リットル程度です。

　フランスには原産地統制呼称 appellation d'origine contrôlée 制度があり，法律がワイン
の品質や製法を厳しく管理しています。これによりEU内だけではなく，国際的にもラベル
の不正使用は認められておらず，「日本製シャンペン」や「ボルドータイプの北海道ワイン」
といったラベルも禁止されています。

　原産地統制呼称には，ボルドーなどの地方名に始まり，メドックのような地区名，さらに
マルゴーのような村の名称をつけたものや，ブルゴーニュ地方ではさらに小さく分類され，
一枚の畑の単位で名称のついたもの（ロマネ・コンティなど）まであります。ワインは深い
歴史を持った文化なのです。

　これに匹敵する日本文化とは何でしょうか。

＊この課題について，さらに深く考えたいと思う方には，次の図書を薦めます。
　山本 博（2009）『ワインが語るフランスの歴史』白水Uブックス

20 Leçon vingt

Un souhait pour l'Europe

Lorsque les Européens auront changé et auront appris à régler leurs problèmes en commun, l'Europe sera unie et démocratique. C'était le souhait de Jean Monnet pour une Union européenne dont il aura été l'un des principaux fondateurs.

ヨーロッパ人が考えを変え，自分たちの問題は共同で解決するとヨーロッパ人がわかったとき，ヨーロッパは統一し，民主的になるのです。これは，欧州連合についてのジャン・モネの願いであり，モネは欧州連合の主要な創始者の一人となるのでした。

 Lorsque les Européens auront changé ... l'Europe sera unie et démocratique.
auront changé は「前未来形」と呼ばれる形なんだけれど，英語の「未来完了形」と似ているよ。

1 直説法前未来

前未来 = **avoir** または **être** の単純未来形 + 過去分詞

＊覚えているかな？
単純未来形 → 66 ページ
過去分詞の作り方
→ 38 ページ

danser

j'	**aurai**	**dansé**	nous	**aurons**	**dansé**
tu	**auras**	**dansé**	vous	**aurez**	**dansé**
il(elle)	**aura**	**dansé**	ils(elles)	**auront**	**dansé**

partir

＊覚えているかな？
助動詞 avoir と être の使い分け → 55 ページ
過去分詞の一致→ 56 ページ

je	**serai**	**parti(e)**	nous	**serons**	**parti(e)s**
tu	**seras**	**parti(e)**	vous	**serez**	**parti(e)(s)**
il	**sera**	**parti**	ils	**seront**	**partis**
elle	**sera**	**partie**	elles	**seront**	**parties**

Exercice 1

助動詞に注意して，（　　　）内の動詞を前未来形にしなさい。

1) j' (　　　　　　) (jouer)
2) tu (　　　　　　) (acheter)
3) elle (　　　　　　) (arriver)
4) nous (　　　　　　) (rentrer)
5) vous (　　　　　　) (téléphoner)
6) ils (　　　　　　) (se promener)

用法

未来のある時点までにすでに完了している出来事

Quand **j'aurai fini** mon travail, je rentrerai à la maison.

Je **serai rentré** début novembre, en plein automne.

Exercice 2

（　　　）内の動詞を用いて前未来形の文を作り，次に文全体を訳しなさい。

1) L'Europe (　　　　　) un grand pas lorsqu'elle se sera dotée d'une politique énergétique plus durable. (faire)

2) Quand l'Union européenne (　　　　　　) capable de se transformer en une communauté européenne réellement unie, les Européens auront-ils une politique étrangère commune ?

(être)

3) Lorsque l'Union européenne deviendra un seul pays comme les États-Unis, les Européens (　　　　)-ils (　　　　) le bonheur pour autant ? (trouver)

4) Dans un mois, l'Union européenne (　　　　　) à son terme le plus vaste élargissement de son histoire. (mener)

... une union européenne dont il aura été l'un des principaux fondateurs.
dont は，英語の関係代名詞 whose, of which と同じような働きをしているんだよ。

2 関係代名詞 （2）

先行詞が関係節の間接目的語や状況補語になっている場合

1) 前置詞 + **qui**　先行詞は人に限られる

C'est un ami **avec qui** je pars en voyage.
(← C'est un ami. Je pars en voyage avec lui.)

2) 前置詞 + **lequel**　先行詞は普通は物

Voici le restaurant **dans lequel** j'ai mangé avec Luc.
(← Voici le restaurant. J'ai mangé avec Luc dans ce restaurant.)

3) **dont**　de + 先行詞に相当し、先行詞は人でも物でもよい。

Je te présenterai mon amie **dont** le frère est cuisinier.
Voilà le livre **dont** tu me parlais l'autre jour.

＊前置詞の位置に注意！ 英語のように文末に残しておくことはできない。

＊先行詞の性と数に応じて変化する：

lequel　　lesquels
laquelle　lesquelles

＊ de qui，duquel などと同じ働きをし，それらに代わって用いられる。英語の whose, of which に相当する。

Exercice 3

（　　　）内に適当と思われる関係代名詞を書きなさい。

1) Ceci est une liste de partenaires. Nous travaillons étroitement avec eux. →
Ceci est une liste de partenaires avec (　　　　) nous travaillons étroitement.

2) Il y a 6 artistes. Leur nom commence par un A. →
Il y a 6 artistes (　　　　) le nom commence par un A.

3) Ce dictionnaire permet de trouver un mot. On ne connaît que quelques lettres de ce mot. →
Ce dictionnaire permet de trouver un mot (　　　　) on ne connaît que quelques lettres.

4) Je voudrais savoir le titre des chansons. Vous dansiez sur ces chansons. →
Je voudrais savoir le titre des chansons sur (　　　　) vous dansiez.

Apprenons en autonomie sur le net ! ネットでも自律学習しよう！

❶ 条件法過去 🎧 **CD 98**

> 条件法過去＝ **avoir** または **être** の条件法現在＋過去分詞

＊条件法現在→ 78 ページ

danser

j'	**aurais**	**dansé**	nous	**aurions**	**dansé**
tu	**aurais**	**dansé**	vous	**auriez**	**dansé**
il(elle)	**aurait**	**dansé**	ils(elles)	**auraient**	**dansé**

＊覚えているかな？
過去分詞の作り方 → 38 ページ
助動詞 avoir と être の使い分け → 55 ページ

partir

je	**serais**	**parti(e)**	nous	**serions**	**parti(e)s**
tu	**serais**	**parti(e)**	vous	**seriez**	**parti(e)(s)**
il	**serait**	**parti**	ils	**seraient**	**partis**
elle	**serait**	**partie**	elles	**seraient**	**parties**

＊過去分詞の一致→ 56 ページ

用法

1) 過去の事実の断定を避け、語調を和らげる。
 J'aurais dû venir en(à) moto.
 Vous **auriez pu** me le dire plus tôt !
2) 過去の事実に反する仮定の結果をあらわす。

＊推測，伝聞をあらわす用法：
Un OVNI se serait écrasé en Russie.

> **Si** + 直説法大過去,…… 条件法過去

 Si j'avais travaillé dur, j'**aurais réussi** et je serais satisfait.
3) 過去における未来完了（→時制の一致）
 Elle m'a dit qu'elle **aurait fini** ses études l'année suivante.

＊ Elle m'a dit : « J'aurai fini mes études l'année prochaine. »

❷ 直接話法と間接話法

1) 平叙文：que を加える。
 Il m'a dit : « Je t'aime. »
 → Il m'a dit qu'il m'aimait.

＊代名詞の人称の変化に注意。
＊覚えているかな？
時制の一致→ 72 ページ

2) 疑問文：間接疑問文の場合と同じ。
 Il m'a demandé : « Est-ce que tu m'aimes ? »
 → Il m'a demandé si je l'aimais.
3) 命令文：命令文は、「de ＋不定詞」にする。
 Il m'a dit : « Écoute-moi bien. »
 → Il m'a dit de bien l'écouter.

＊命令文の内容によって主動詞は変化する：demander（依頼），ordonner（強い命令），conseiller（助言）

 練習問題はネットにあるから，やってね！

Soyons plurilingues et pluriculturels! つながろう，世界中の人々と！

東京大学の大学経営・政策研究センターが 2009 年に 8777 事業所，25203 人の大卒者に調査した結果によると，仕事で英語を常に使う人，ときどき使う人はあわせて大卒社員の 15% です。また，大卒社員の 95.8% は海外勤務の経験がありません。ちなみに，2016 年度の日本の輸出依存度は 13.1%（韓国：38.0%）で，輸入依存度は 12.3%（韓国：31.4%）です。どうやら大部分のみなさんには仕事で外国語を使う機会はなさそうです。でも，就職試験で重視されるから？　経団連の調査によると，採用時に重視される 25 項目中語学力は 16 位です。1 年間このテキストでフランス語を学んできたみなさん，外国語学習の意義をあらためて確認しておきましょう。

■読んで，話して，世界中の人々とフランス語でつながろう！

— Inspiré par l'Union européenne, le Japon a proposé la création d'une communauté d'Asie de l'Est. Qu'est-ce que tu penses de ce projet ?

— Bonne idée, mais je crois qu'il va être difficile à réaliser dans un futur proche.

— Oui, tu as raison. Avant de se réunir, les pays asiatiques ont d'autres problèmes *politiques et économiques* à régler, surtout les contentieux territoriaux.

＊日本の，そしてアジアの未来について話してみましょう。

plus importants	plus sérieux	plus urgents	prioritaires

英語による高等教育 l'enseignement supérieur en anglais

　グローバル化の深化するなかで，フランスの大学も大学ランキングの上昇と留学生の呼び込みを狙って英語による教育を拡充しています。

　フランスでの英語による高等教育は大学院修士課程の理系コースを中心に進められており，文系ではビジネススクールなどにも認められます。2019 年の時点で，1204 のコースがすべての科目にわたり英語による教育を提供しています。

　日本でも明治初期の大学教育は外国語で行われていました。当時は日本語の教科書もなく，日本人の教師も少なかったためで，夏目漱石も学生時代には英語による大学教育を受けていたのです。

　英語による授業は日本語による授業と，どのような点が異なっているでしょうか。

＊この課題について，さらに深く考えたいと思う方には，次の図書を薦めます。
　クロード・トリュショ（2018）『多言語世界ヨーロッパ』大修館書店

Appendice 1

1 発音と綴り字

1) 単母音字

綴り字	発音	例
a, à, â	[a][ɑ]	avocat [avɔka] gâteau [gɑto]
e	[無音] [ə]	cerise [səri:z]
	[e][ɛ]	lecture [lɛkty:r] poulet [pulɛ]
é	[e]	cinéma [sinema]
è, ê	[ɛ]	frère [frɛ:r] pêche [pɛʃ]
i, î, y	[i]	livre [li:vr] dîner [dine]
		bicyclette [bisiklɛt]
o, ô	[o][ɔ]	sport [spɔ:r] hôtel [o(ɔ)tɛl]
u, û	[y]	numéro [nymero] flûte [flyt]

2) 複母音字

綴り字	発音	例
ai, ei	[ɛ]	secrétaire [skretɛ:r] Seine [sɛn]
eu, œu	[ø][œ]	chanteuse [ʃɑ̃tø:z]
		chanteur [ʃɑ̃tœ:r]
		sœur [sœ:r]
au	[o][ɔ]	gauche [go:ʃ]
eau	[o]	bureau [byro]
ou, où, oû	[u]	nouveau [nuvo] où [u]
		goût [gu]
oi, oî	[wa]	noir [nwa:r] boîte [bwat]
i + 母音字	[j-]	piano [pjano]
ou + 母音字	[w-]	oui [wi]
u + 母音字	[ɥ-]	fruit [frɥi]
母音字 + y + 母音字		crayon [krɛjɔ̃] voyage [vwaja:ʒ]

3) 母音字 + n, m

綴り字	発音	例
an, am	[ɑ̃]	France [frɑ̃:s] jambon [ʒɑ̃bɔ̃]
en, em	[ɑ̃]	ensemble [ɑ̃sɑ̃:bl] employé [ɑ̃plwaje]
in, im	[ɛ̃]	vin [vɛ̃] simple [sɛ̃:pl]
yn, ym	[ɛ̃]	sympathique [sɛ̃patik]
ain, aim	[ɛ̃]	bain [bɛ̃] faim [fɛ̃]
ein	[ɛ̃]	dessein [desɛ̃]
on, om	[ɔ̃]	blond [blɔ̃] bombe [bɔ̃:b]
un, um	[œ̃]	brun [brœ̃] parfum [parfœ̃]
oin	[wɛ̃]	point [pwɛ̃]
ien	[jɛ̃]	musicien [myzisjɛ̃]
	[jɑ̃]	science [sjɑ̃:s]

---

* e の読み方
1) 語頭・語中の e
   a) e + 1 つの子音字 → e は [無音] か [ə]。ただし, ex の e は [ɛ]。exercice [ɛgzɛrsis]
   b) e + 2 つ以上の子音字 → e は [e] か [ɛ]。ただし, 子音字 + l (r) は a) の場合と同じ。secrétaire [səkretɛ:r]
2) 語末の e
   a) 単語の終わりにある e → e は [無音] か [ə]。
   b) e + 1 つ以上の子音字 → e は [e] か [ɛ]。ただし, -es は a) の場合と同じ。

* [ø] と [œ]
1) 語末と [z] の前 → [ø]
2) 1) 以外の場合 → [œ]

* y = i + i と考える
   crai + ion   voi + iage

* 母音字 + n, m + 母音字は鼻母音にならない。
   banc [bɑ̃] / banane [banan]
* n, m が重なる場合は鼻母音にならない。
   musicienne [myzisjɛn]
   femme [fam]
   automne [o(ɔ)tɔn]

4) il, ill

ill	[ij]	fille [fij] camomille [kamɔmij]
ail, aill	[aj]	travail [travaj]
eil, eill	[ɛj]	conseil [kɔ̃sɛj] vieille [vjɛj]
euil, euill	[œj]	fauteuil [fotœj] feuille [fœj]
ueil, ueill	[œj]	orgueil [ɔrgœj]
ouil, ouill	[uj]	brouillard [bruja:r]
uill	[ɥij]	juillet [ʒɥijɛ]

*ill 例外的に [l] : mille [mil] ville [vil] tranquille [trɑ̃kil]

5) 単子音字

c	[s]	actrice [aktris] citron [sitrɔ̃] cycle [sikl]
	[k]	café [kafe] abricot [abriko]
ç	[s]	français [frɑ̃sɛ] garçon [garsɔ̃]
g	[ʒ]	orange [ɔrɑ̃:ʒ] gilet [ʒilɛ]
	[g]	gare [ga:r] gomme [gɔm]
q	[k]	cinq [sɛ̃:k]
qu	[k]	quatre [katr] musique [myzik]
s	[z]	cuisinier [kɥizinje]
	[s]	poisson [pwasɔ̃] personne [pɛrsɔn]
sc	[s]	piscine [pisin]
	[sk]	scolaire [skɔlɛ:r]
ti	[ti, tj]	informatique [ɛ̃fɔrmatik] question [kɛstjɔ̃]
	[si, sj]	démocratie [demɔkrasi] action [aksjɔ̃]
x ex+母音字	[gz]	exercice [ɛgzɛrsis]
それ以外	[ks]	taxi [taksi]
w	[w][v]	western [wɛstɛrn] wagon [vagɔ̃]
h	[無音]	herbe [ɛrb] cahier [kaje]

* c は e, i, y の前で [s], それ以外では [k], ç を用いるのは a, o, u の前。

* g は e, i, y の前で [ʒ], それ以外では [g], gu が [g] と発音されるのは e, i の前。

* 母音字 + s + 母音字のときは [z], それ以外は [s]。

* sc は e, i, y の前で [s], それ以外では [sk]。

* ただし数詞は six [sis] soixante [swasɑ̃:t] sixième [sizjɛm]。

* 母音あつかいする「無音の h」と子音あつかいする「有音の h」とあるが，両方とも発音されない。

6) 重子音字

原則として，一つの子音として発音する。

dessert	[desɛ:r]	appartement [apartəmɑ̃]
cc	[ks]	accent [aksɑ̃]
	[k]	accord [akɔ:r]
gg	[gz]	suggérer [sygʒere]
	[g]	aggraver [agrave]

* cc は e, i, y の前で [ks], それ以外では [k]。
* gg は e, i, y の前で [gʒ], それ以外では [g]。

7) 複子音字

ch	[ʃ]	chanson [ʃɑ̃sɔ̃] pêche [pɛʃ]
ph	[f]	photo [foto] téléphone [telefɔn]
rh	[r]	Rhône [ron]
th	[t]	théâtre [teɑ:tr] rythme [ritm]
gn	[ɲ]	Espagne [ɛspaɲ]

*ch まれに [k] : écho [eko]
orchestre [ɔrkɛstr]
technique [tɛknik]

8) 語尾の子音字

c, f, l, r, の他は原則として発音されない。

avec [avɛk]   neuf [nœf]   sœur [sœ:r]   hôpital [ɔpital]

* careful と覚えるといい。

2 アンシェヌマン，リエゾン，エリズィオン

A. アンシェヌマン Enchaînement

　文の中で，一つめの単語の最後が子音で終わり，次の単語が母音で始まるときには，子音を次の単語の最初の母音につなげて発音する。これをアンシェヌマンという。

il [il] est [ɛ] professeur [prɔfɛsœ:r]
Il＾est professeur. / i-lɛ-prɔ-fɛ-sœ:r /

elle [ɛl] a [a] une [yn] orange [ɔrɑ̃:ʒ]
Elle＾a une＾orange. / ɛ-la-y-nɔ-rɑ̃:ʒ /

B. リエゾン Liaison

　文の中で，一つめの単語が発音されない子音字で終わっていて，次の単語が母音で始まっているとき，この子音字を発音して母音とつなげることがある。これをリエゾンという。

vous [vu] êtes [ɛt] professeur [prɔfɛsœ:r]
Vous‿êtes professeur ? / vu-zɛt-prɔ-fɛ-sœ:r /
vous [vu] avez [ave] un [œ̃] abricot [abriko]
Vous‿avez un‿abricot. / vu-za-ve-œ̃-na-bri-ko /

*リエゾンされるときは，次のような音になる：
(1) 語末の -s, -z, -x → [z]
(2) 語末の -t, -d → [t]
(1) 語末の -n → [n]

　リエゾンは文法的にも意味的にも緊密な関係を持つ単語と単語の間でおこなわれる。リエゾンがよくおこなわれるのは次のような場合である：

1)冠詞＋名詞　　　　　un‿abricot / œ̃-na-bri-ko /
　品質形容詞＋名詞　　petit‿abricot / pti-ta-bri-ko /
　所有形容詞＋名詞　　mes‿abricots / me-za-bri-ko /
　指示形容詞＋名詞　　ces‿abricots / se-za-bri-ko /

2)冠詞 + 形容詞　　un_ancien château / œ̃-nɑ̃-sjɛ̃-ʃɑ-to /

3)前置詞 +（代）名詞　chez_elle / ʃe-zɛl /

4)主語人称代名詞 + 動詞・助動詞　　vous_aimez / vu-zɛ-me /
　動詞・助動詞 + 主語人称代名詞　　est_-elle / ɛ-tɛl /
　目的格人称代名詞 + 動詞・助動詞　Vous les_aimez. / vu-le-zɛ-me/

*en, y のリエゾン
Ils_en parlent.
Nous_y allons.
Parles_-en.
Allons_-y.

5)être の 3 人称 + 属詞　　　　C'est_une pomme. / sɛ-tyn-pɔm /
　être の 3 人称 + 過去分詞　　Elle est_arrivée. / ɛ-lɛ-ta-ri-ve /
　être の 3 人称 + 状況補語　　Elle est_en France. / ɛ-lɛ-tɑ̃-frɑ̃ːs /

*1 人称・2 人称でもリエゾン
することもある。
Je suis_étudiant.

6)très + 形容詞・副詞　très_intelligent / trɛ-zɛ̃-te-li-ʒɑ̃ /

7)quand, dont + 主語人称代名詞　quand_il pleut / kɑ̃-til-plø /

　リエゾンしてはならない場合：
　(1) 有音の h で始まる単語の前　les ' héros
　(2) 主語名詞 + 動詞　Jacques ' a trois filles.
　(3) 接続詞 et のあと　Laure et ' Éric
　(4) 単数名詞 + 形容詞　l'enfant ' intelligent

*一般に文章を朗読する場合や,
改まった話し方ではリエゾン
を多くする傾向があり, くだ
けた話し方ではあまりリエゾ
ンをしない。

C. エリズィオン Élision
　　単音節語 (le, la, je, me, te, se, ce, de, ne, que, si) のあとに，母音
字または無音の h で始まる単語がきた場合には，単音節語の母音
字は省略され，代わりにアポストロフが置かれる。
　　je ai　　→ j'ai　　　je ne ai pas → je n'ai pas
　　la église → l'église　le hôtel　　→ l'hôtel

*母音字 : a, e, i, y, o, u

* si は il, ils の前でだけエリズ
ィオンが行われる。
si elle → × s'elle

3 句読記号
.	point	!	point d'exclamation
,	virgule	...	point de suspension
;	point-virgule	—	tiret
:	deux points	« »	guillemets
?	point d'interrogation	( )	parenthèses

Appendice 2

1 主語人称代名詞 on

1)「私たちは」(nous)

On va danser ?

2)「人は」「人々は」

On mange vraiment bien ici !

En Angleterre, on ne mange pas bien.

3)「誰かが」

On sonne !

＊主語代名詞 → 7 ページ
＊日常会話ではふつう nous の
代わりに on が用いられる。
＊ on よりも nous のほうが丁
寧な感じがする。
Nous avons réservé une
chambre.

2 分詞構文

現在分詞, 過去分詞は主語に同格的にかかり, 文脈によってさま
ざまな意味になる。

S'avançant dans la nuit obscure, elle écoutait la voix du silence.

Elle s'assit sans bruit **regardant** fixement le feu.

Arrivé à Paris, j'étais impatient d'être au premier rendez-vous avec
elle.

Étonné, il lui demanda pourquoi.

＊英語の分詞構文に相当する。
＊分詞構文は書き言葉で用い,
話し言葉ではジェロンディフ
を用いる。
＊ジェロンディフ → 71 ページ

3 知覚動詞と laisser の構文

> 知覚動詞・laisser + 名詞句 1 + 不定詞 (+ 名詞句 2)

J'ai vu Paris se réveiller.

J'ai vu maman embrasser le Père Noël.

J'ai entendu la foule hurler.

Elle laisse les hommes faire le premier pas.

Il a laissé partir Joséphine.

＊名詞句 1 は, 不定詞の意味
上の主語, 名詞句 2 は目的語。
＊知覚動詞 : entendre, écouter,
voir, regarder, sentir など。
＊不定詞が自動詞のときは,「知
覚動詞・laisser + 不定詞 + 名
詞句」の構文も可能。

4 使役動詞 faire の構文

1) 不定詞が自動詞の場合

> faire + 不定詞 + 名詞句

Ils ont fait venir un médecin.

La magie du cirque fait rêver les petits.

2) 不定詞が他動詞の場合

> faire + 不定詞 + 名詞句 1 (+ à (par) + 名詞句 2)

On fait apporter du vin.

Elle a fait savoir à son père la date de son arrivée.

Il a fait construire par un ingénieur un robot qui lui ressemblait.

＊名詞句は, 不定詞の意味上の
主語。
＊英語の使役動詞 make の構文
との違いに注意 !
＊名詞句 1 は, 不定詞の意味
上の目的語, 名詞句 2 は主語。
＊実際には,「à (par) + 名詞句
2」はしばしば不定詞のすぐ
後に置かれる。

5 直説法単純過去

活用形の作り方：単純過去の語幹の多くは，過去分詞と同じ。

a 型　aimer

| j' | aim**ai** | tu | aim**as** | il(elle) | aim**a** |
| nous | aim**âmes** | vous | aim**âtes** | ils(elles) | aim**èrent** |

* a 型：不定詞の語尾が -er の動詞のすべて

i 型　finir

| je | fin**is** | tu | fin**is** | il(elle) | fin**it** |
| nous | fin**îmes** | vous | fin**îtes** | ils(elles) | fin**irent** |

* i 型：不定詞の語尾が -ir の動詞の大半

u 型　être

| je | **fus** | tu | **fus** | il(elle) | **fut** |
| nous | **fûmes** | vous | **fûtes** | ils(elles) | **furent** |

* u 型：不定詞の語尾 -oir, -re の動詞の大半

u 型　avoir

| j' | **eus** | tu | **eus** | il(elle) | **eut** |
| nous | **eûmes** | vous | **eûtes** | ils(elles) | **eurent** |

in 型　venir

| je | **vins** | tu | **vins** | il(elle) | **vint** |
| nous | **vînmes** | vous | **vîntes** | ils(elles) | **vinrent** |

* in 型：venir, tenir など

書き言葉で，過去の出来事を，現在と切り離された完了したひとつの出来事としてあらわしたいときに使う。

*話し言葉では，複合過去形を使う

Né à Ajaccio, Napoléon **fit** ses études à l'École militaire de Brienne de 1779 à 1784. Il **se distingua** en 1793 au siège de la ville de Toulon et **fut** nommé commandant.

Il **arriva** dans les rapides, **essaya** d'éviter les rochers mais au bout d'un moment, il en **heurta** un et **tomba** dans l'eau. Très vite, il **fut** entouré par d'énormes crocodiles.

Quand l'avion qu'il pilotait **s'écrasa** sur la piste pendant le décollage, Mitchell **eut** les 12 vertèbres thoraciques brisées.

6 遊離構文（転位構文）

次の文において，ta sœur と elle は同一人物を指している。話し言葉では、このような遊離構文（転位構文）と呼ばれる構文がよく用いられる。

1) Ta sœur, quel âge a-t-elle ?
2) Quel âge a-t-elle, ta sœur ?

遊離構文には、1) のような遊離された要素を文頭に持つ文と、2) のような文末に遊離要素を持つ文とがあり、それぞれ「文頭遊離構文」（「左方転位構文」）、「文末遊離構文」（「右方転位構文」）と呼ばれている。どちらも、遊離された要素に聞き手の注意を引きたいときに用いられる構文である。

1)　文頭遊離構文
　文頭に遊離された要素は、「... はと言えば」、「... に関しては」という意味を持っている。この構文が用いられるのは、何について話をしたいのかを明確にしたい場合である。
　Cette musique, je ne l'aime pas beaucoup !
　L'hôtel de Lyon , c'est dans quel arrondissement ?
2)　文末遊離構文
　言いたいことを先に言ってしまって、文末に遊離された要素でもって、何について話しているのか念を押したいときに、この構文は用いられる。
　Elle est marrante, cette fille.
　C'est combien, cette bague ?

7 虚辞の ne
　話し手の持っている「〜ではないか」という否定の意識を反映した ne。次のような従属節中で用いられる。
Il ne voulait pas dormir de peur que la mort **ne** vienne le chercher dans son sommeil.
Nous sommes parties avant que vous **ne** soyez revenus de vacances.
N'ayez pas honte : la timidité est mieux acceptée que vous **ne** le croyez.

I.   aimer
II. arriver
III. être aimé(e)(s)
IV. se lever

1. avoir	17. venir	33. rire
2. être	18. offrir	34. croire
3. parler	19. descendre	35. craindre
4. placer	20. mettre	36. prendre
5. manger	21. battre	37. boire
6. acheter	22. suivre	38. voir
7. appeler	23. vivre	39. asseoir
8. préférer	24. écrire	40. recevoir
9. employer	25. connaître	41. devoir
10. envoyer	26. naître	42. pouvoir
11. aller	27. conduire	43. vouloir
12. finir	28. suffire	44. savoir
13. sortir	29. lire	45. valoir
14. courir	30. plaire	46. falloir
15. fuir	31. dire	47. pleuvoir
16. mourir	32. faire	

不定形・分詞形	直　　　説　　　法		

I. aimer
aimant
aimé
ayant aimé
（助動詞　avoir）

	現　　　　在	半　過　去	単　純　過　去
	j' aime	j' aimais	j' aimai
	tu aimes	tu aimais	tu aimas
	il aime	il aimait	il aima
	nous aimons	nous aimions	nous aimâmes
	vous aimez	vous aimiez	vous aimâtes
	ils aiment	ils aimaient	ils aimèrent

命　令　法	複　合　過　去	大　過　去	前　過　去
	j' ai aimé	j' avais aimé	j' eus aimé
aime	tu as aimé	tu avais aimé	tu eus aimé
	il a aimé	il avait aimé	il eut aimé
aimons	nous avons aimé	nous avions aimé	nous eûmes aimé
aimez	vous avez aimé	vous aviez aimé	vous eûtes aimé
	ils ont aimé	ils avaient aimé	ils eurent aimé

II. arriver
arrivant
arrivé
étant arrivé(e)(s)
（助動詞　être）

	複　合　過　去	大　過　去	前　過　去
	je suis arrivé(e)	j' étais arrivé(e)	je fus arrivé(e)
	tu es arrivé(e)	tu étais arrivé(e)	tu fus arrivé(e)
	il est arrivé	il était arrivé	il fut arrivé
	elle est arrivée	elle était arrivéc	elle fut arrivée
	nous sommes arrivé(e)s	nous étions arrivé(e)s	nous fûmes arrivé(e)s
	vous êtes arrivé(e)(s)	vous étiez arrivé(e)(s)	vous fûtes arrivé(e)(s)
	ils sont arrivés	ils étaient arrivés	ils furent arrivés
	elles sont arrivées	elles étaient arrivées	elles furent arrivées

III. être aimé(e)(s)
受動態
étant aimé(e)(s)
ayant été aimé(e)(s)

	現　　　　在	半　過　去	単　純　過　去
	je suis aimé(e)	j' étais aimé(e)	je fus aimé(e)
	tu es aimé(e)	tu étais aimé(e)	tu fus aimé(e)
	il est aimé	il était aimé	il fut aimé
	elle est aimée	elle était aimée	elle fut aimé e
	n. sommes aimé(e)s	n. étions aimé(e)s	n. fûmes aimé(e)s
	v. êtes aimé(e)(s)	v. étiez aimé(e)(s)	v. fûtes aimé(e)(s)
	ils sont aimés	ils étaient aimés	ils furent aimés
	elles sont aimées	elles étaient aimées	elles furent aimées

命　令　法	複　合　過　去	大　過　去	前　過　去
	j' ai été aimé(e)	j' avais été aimé(e)	j' eus été aimé(e)
sois aimé(e)	tu as été aimé(e)	tu avais été aimé(e)	tu eus été aimé(e)
	il a été aimé	il avait été aimé	il eut été aimé
soyons aimé(e)s	elle a été aimée	elle avait été aimée	elle eut été aimée
soyez aimé(e)(s)	n. avons été aimé(e)s	n. avions été aimé(e)s	n. eûmes été aimé(e)s
	v. avez été aimé(e)(s)	v. aviez été aimé(e)(s)	v. eûtes été aimé(e)(s)
	ils ont été aimés	ils avaient été aimés	ils eurent été aimés
	elles ont été aimées	elles avaient été aimées	elles eurent été aimées

IV. se lever
代名動詞
se levant
s'étant levé(e)(s)

	現　　　　在	半　過　去	単　純　過　去
	je me lève	je me levais	je me levai
	tu te lèves	tu te levais	tu te levas
	il se lève	il se levait	il se leva
	n. n. levons	n. n. levions	n. n. levâmes
	v. v. levez	v. v. leviez	v. v. levâtes
	ils se lèvent	ils se levaient	ils se levèrent

命　令　法	複　合　過　去	大　過　去	前　過　去
	je me suis levé(e)	j' m' étais levé(e)	je me fus levé(e)
lève-toi	tu t' es levé(e)	tu t' étais levé(e)	tu te fus levé(e)
	il s' est levé	il s' était levé	il se fut levé
	elle s' est levée	elle s' était levée	elle se fut levée
levons-nous	n. n. sommes levé(e)s	n. n. étions levé(e)s	n. n. fûmes levé(e)s
levez-vous	v. v. êtes levé(e)(s)	v. v. étiez levé(e)(s)	v. v. fûtes levé(e)(s)
	ils se sont levés	ils s' étaient levés	ils se furent levés
	elles se sont levées	elles s' étaient levées	elles se furent levées

直　説　法	条　件　法	接　　続　　法	
単　純　未　来	**現　　在**	**現　　在**	**半　過　去**
j' aimerai	j' aimerais	j' aime	j' aimasse
tu aimeras	tu aimerais	tu aimes	tu aimasses
il aimera	il aimerait	il aime	il aimât
nous aimerons	nous aimerions	nous aimions	nous aimassions
vous aimerez	vous aimeriez	vous aimiez	vous aimassiez
ils aimeront	ils aimeraient	ils aiment	ils aimassent
前　未　来	**過　　去**	**過　　去**	**大　過　去**
j' aurai aimé	j' aurais aimé	j' aie aimé	j' eusse aimé
tu auras aimé	tu aurais aimé	tu aies aimé	tu eusses aimé
il aura aimé	il aurait aimé	il ait aimé	il eût aimé
nous aurons aimé	nous aurions aimé	nous ayons aimé	nous eussions aimé
vous aurez aimé	vous auriez aimé	vous ayez aimé	vous eussiez aimé
ils auront aimé	ils auraient aimé	ils aient aimé	ils eussent aimé
前　未　来	**過　　去**	**過　　去**	**大　過　去**
je serai arrivé(e)	je serais arrivé(e)	je sois arrivé(e)	je fusse arrivé(e)
tu seras arrivé(e)	tu serais arrivé(e)	tu sois arrivé(e)	tu fusses arrivé(e)
il sera arrivé	il serait arrivé	il soit arrivé	il fût arrivé
elle sera arrivée	elle serait arrivée	elle soit arrivée	elle fût arrivée
nous serons arrivé(e)s	nous serions arrivé(e)s	nous soyons arrivé(e)s	nous fussions arrivé(e)s
vous serez arrivé(e)(s)	vous seriez arrivé(e)(s)	vous soyez arrivé(e)(s)	vous fussiez arrivé(e)(s)
ils seront arrivés	ils seraient arrivés	ils soient arrivés	ils fussent arrivés
elles seront arrivées	elles seraient arrivées	elles soient arrivées	elles fussent arrivées
単　純　未　来	**現　　在**	**現　　在**	**半　過　去**
je serai aimé(e)	je serais aimé(e)	je sois aimé(e)	je fusse aimé(e)
tu seras aimé(e)	tu serais aimé(e)	tu sois aimé(e)	tu fusses aimé(e)
il sera aimé	il serait aimé	il soit aimé	il fût aimé
elle sera aimée	elle serait aimée	elle soit aimée	elle fût aimée
n. serons aimé(e)s	n. serions aimé(e)s	n. soyons aimé(e)s	n. fussions aimé(e)s
v. serez aimé(e)(s)	v. seriez aimé(e)(s)	v. soyez aimé(e)(s)	v. fussiez aimé(e)(s)
ils seront aimés	ils seraient aimés	ils soient aimés	ils fussent aimés
elles seront aimées	elles seraient aimées	elles soient aimées	elles fussent aimées
前　未　来	**過　　去**	**過　　去**	**大　過　去**
j' aurai été aimé(e)	j' aurais été aimé(e)	j' aie été aimé(e)	j' eusse été aimé(e)
tu auras été aimé(e)	tu aurais été aimé(e)	tu aies été aimé(e)	tu eusses été aimé(e)
il aura été aimé	il aurait été aimé	il ait été aimé	il eût été aimé
elle aura été aimée	elle aurait été aimée	elle ait été aimée	elle eût été aimée
n. aurons été aimé(e)s	n. aurions été aimé(e)s	n. ayons été aimé(e)s	n. eussions été aimé(e)s
v. aurez été aimé(e)(s)	v. auriez été aimé(e)(s)	v. ayez été aimé(e)(s)	v. eussiez été aimé(e)(s)
ils auront été aimés	ils auraient été aimés	ils aient été aimés	ils eussent été aimés
elles auront été aimées	elles auraient été aimées	elles aient été aimées	elles eussent été aimées
単　純　未　来	**現　　在**	**現　　在**	**半　過　去**
je me lèverai	je me lèverais	je me lève	je me levasse
tu te lèveras	tu te lèverais	tu te lèves	tu te levasses
il se lèvera	il se lèverait	il se lève	il se levât
n. n. lèverons	n. n. lèverions	n. n. levions	n. n. levassions
v. v. lèverez	v. v. lèveriez	v. v. leviez	v. v. levassiez
ils se lèveront	ils se lèveraient	ils se lèvent	ils se levassent
前　未　来	**過　　去**	**過　　去**	**大　過　去**
je me serai levé(e)	je me serais levé(e)	je me sois levé(e)	je me fusse levé(e)
tu te seras levé(e)	tu te serais levé(e)	tu te sois levé(e)	tu te fusses levé(e)
il se sera levé	il se serait levé	il se soit levé	il se fût levé
elle se sera levée	elle se serait levée	elle se soit levée	elle se fût levée
n. n. serons levé(e)s	n. n. serions levé(e)s	n. n. soyons levé(e)s	n. n. fussions levé(e)s
v. v. serez levé(e)(s)	v. v. seriez levé(e)(s)	v. v. soyez levé(e)(s)	v. v. fussiez levé(e)(s)
ils se seront levés	ils se seraient levés	ils se soient levés	ils se fussent levés
elles se seront levées	elles se seraient levées	elles se soient levées	elles se fussent levées

不 定 形 分 詞 形	直　　説　　法			
	現　　在	半　過　去	単　純　過　去	単　純　未　来
1. avoir もつ ayant eu [y]	j' ai tu as il a n. avons v. avez ils ont	j' avais tu avais il avait n. avions v. aviez ils avaient	j' eus [y] tu eus il eut n. eûmes v. eûtes ils eurent	j' aurai tu auras il aura n. aurons v. aurez ils auront
2. être 在る étant été	je suis tu es il est n. sommes v. êtes ils sont	j' étais tu étais il était n. étions v. étiez ils étaient	je fus tu fus il fut n. fûmes v. fûtes ils furent	je serai tu seras il sera n. serons v. serez ils seront
3. parler 話す parlant parlé	je parle tu parles il parle n. parlons v. parlez ils parlent	je parlais tu parlais il parlait n. parlions v. parliez ils parlaient	je parlai tu parlas il parla n. parlâmes v. parlâtes ils parlèrent	je parlerai tu parleras il parlera n. parlerons v. parlerez ils parleront
4. placer 置く plaçant placé	je place tu places il place n. plaçons v. placez ils placent	je plaçais tu plaçais il plaçait n. placions v. placiez ils plaçaient	je plaçai tu plaças il plaça n. plaçâmes v. plaçâtes ils placèrent	je placerai tu placeras il placera n. placerons v. placerez ils placeront
5. manger 食べる mangeant mangé	je mange tu manges il mange n. mangeons v. mangez ils mangent	je mangeais tu mangeais il mangeait n. mangions v. mangiez ils mangeaient	je mangeai tu mangeas il mangea n. mangeâmes v. mangeâtes ils mangèrent	je mangerai tu mangeras il mangera n. mangerons v. mangerez ils mangeront
6. acheter 買う achetant acheté	j' achète tu achètes il achète n. achetons v. achetez ils achètent	j' achetais tu achetais il achetait n. achetions v. achetiez ils achetaient	j' achetai tu achetas il acheta n. achetâmes v. achetâtes ils achetèrent	j' achèterai tu achèteras il achètera n. achèterons v. achèterez ils achèteront
7. appeler 呼ぶ appelant appelé	j' appelle tu appelles il appelle n. appelons v. appelez ils appellent	j' appelais tu appelais il appelait n. appelions v. appeliez ils appelaient	j' appelai tu appelas il appela n. appelâmes v. appelâtes ils appelèrent	j' appellerai tu appelleras il appellera n. appellerons v. appellerez ils appelleront
8. préférer より好む préférant préféré	je préfère tu préfères il préfère n. préférons v. préférez ils préfèrent	je préférais tu préférais il préférait n. préférions v. préfériez ils préféraient	je préférai tu préféras il préféra n. préférâmes v. préférâtes ils préférèrent	je préférerai tu préféreras il préférera n. préférerons v. préférerez ils préféreront

条　件　法		接　　続　　法		命　令　法	同型活用の動詞
現　　在	現　　在	半　過　去	現　　在	(注意)

条　件　法 現在	接　続　法 現在	接続法 半過去	命令法 現在	同型活用の動詞 (注意)
j' aurais tu aurais il aurait n. aurions v. auriez ils auraient	j' aie tu aies il ait n. ayons v. ayez ils aient	j' eusse tu eusses il eût n. eussions v. eussiez ils eussent	aie ayons ayez	
je serais tu serais il serait n. serions v. seriez ils seraient	je sois tu sois il soit n. soyons v. soyez ils soient	je fusse tu fusses il fût n. fussions v. fussiez ils fussent	sois soyons soyez	
je parlerais tu parlerais il parlerait n. parlerions v. parleriez ils parleraient	je parle tu parles il parle n. parlions v. parliez ils parlent	je parlasse tu parlasses il parlât n. parlassions v. parlassiez ils parlassent	parle parlons parlez	第1群規則動詞 (4型～10型をのぞく)
je placerais tu placerais il placerait n. placerions v. placeriez ils placeraient	je place tu places il place n. placions v. placiez ils placent	je plaçasse tu plaçasses il plaçât n. plaçassions v. plaçassiez ils plaçassent	place plaçons placez	—cer の動詞 annoncer, avancer, commencer, effacer, renoncer など. (a, o の前で c → ç)
je mangerais tu mangerais il mangerait n. mangerions v. mangeriez ils mangeraient	je mange tu manges il mange n. mangions v. mangiez ils mangent	je mangeasse tu mangeasses il mangeât n. mangeassions v. mangeassiez ils mangeassent	mange mangeons mangez	—ger の動詞 arranger, changer, charger, engager, nager, obliger など. (a, o の前で g → ge)
j' achèterais tu achèterais il achèterait n. achèterions v. achèteriez ils achèteraient	j' achète tu achètes il achète n. achetions v. achetiez ils achètent	j' achetasse tu achetasses il achetât n. achetassions v. achetassiez ils achetassent	achète achetons achetez	—e+子音+er の動詞 achever, lever, mener など. (7型をのぞく. e muet を 含む音節の前で e → è)
j' appellerais tu appellerais il appellerait n. appellerions v. appelleriez ils appelleraient	j' appelle tu appelles il appelle n. appelions v. appeliez ils appellent	j' appelasse tu appelasses il appelât n. appelassions v. appelassiez ils appelassent	appelle appelons appelez	—eter, —eler の動詞 jeter, rappeler など. (6型のものもある. e muet の前で t, l を重ね る)
je préférerais tu préférerais il préférerait n. préférerions v. préféreriez ils préféreraient	je préfère tu préfères il préfère n. préférions v. préfériez ils préfèrent	je préférasse tu préférasses il préférât n. préférassions v. préférassiez ils préférassent	préfère préférons préférez	—é+子音+er の動詞 céder, espérer, opérer, répéter など. (e muet を含む語末音節 の前で é → è)

不 定 形 分 詞 形	直 説 法			
	現　　在	半　過　去	単　純　過　去	単　純　未　来
9. employer 使う employant employé	j'　emploie tu　emploies il　emploie n.　employons v.　employez ils　emploient	j'　employais tu　employais il　employait n.　employions v.　employiez ils　employaient	j'　employai tu　employas il　employa n.　employâmes v.　employâtes ils　employèrent	j'　emploierai tu　emploieras il　emploiera n.　emploierons v.　emploierez ils　emploieront
10. envoyer 送る envoyant envoyé	j'　envoie tu　envoies il　envoie n.　envoyons v.　envoyez ils　envoient	j'　envoyais tu　envoyais il　envoyait n.　envoyions v.　envoyiez ils　envoyaient	j'　envoyai tu　envoyas il　envoya n.　envoyâmes v.　envoyâtes ils　envoyèrent	j'　enverrai tu　enverras il　enverra n.　enverrons v.　enverrez ils　enverront
11. aller 行く allant allé	je　vais tu　vas il　va n.　allons v.　allez ils　vont	j'　allais tu　allais il　allait n.　allions v.　alliez ils　allaient	j'　allai tu　allas il　alla n.　allâmes v.　allâtes ils　allèrent	j'　irai tu　iras il　ira n.　irons v.　irez ils　iront
12. finir 終える finissant fini	je　finis tu　finis il　finit n.　finissons v.　finissez ils　finissent	je　finissais tu　finissais il　finissait n.　finissions v.　finissiez ils　finissaient	je　finis tu　finis il　finit n.　finîmes v.　finîtes ils　finirent	je　finirai tu　finiras il　finira n.　finirons v.　finirez ils　finiront
13. sortir 出かける sortant sorti	je　sors tu　sors il　sort n.　sortons v.　sortez ils　sortent	je　sortais tu　sortais il　sortait n.　sortions v.　sortiez ils　sortaient	je　sortis tu　sortis il　sortit n.　sortîmes v.　sortîtes ils　sortirent	je　sortirai tu　sortiras il　sortira n.　sortirons v.　sortirez ils　sortiront
14. courir 走る courant couru	je　cours tu　cours il　court n.　courons v.　courez ils　courent	je　courais tu　courais il　courait n.　courions v.　couriez ils　couraient	je　courus tu　courus il　courut n.　courûmes v.　courûtes ils　coururent	je　courrai tu　courras il　courra n.　courrons v.　courrez ils　courront
15. fuir 逃げる fuyant fui	je　fuis tu　fuis il　fuit n.　fuyons v.　fuyez ils　fuient	je　fuyais tu　fuyais il　fuyait n.　fuyions v.　fuyiez ils　fuyaient	je　fuis tu　fuis il　fuit n.　fuîmes v.　fuîtes ils　fuirent	je　fuirai tu　fuiras il　fuira n.　fuirons v.　fuirez ils　fuiront
16. mourir 死ぬ mourant mort	je　meurs tu　meurs il　meurt n.　mourons v.　mourez ils　meurent	je　mourais tu　mourais il　mourait n.　mourions v.　mouriez ils　mouraient	je　mourus tu　mourus il　mourut n.　mourûmes v.　mourûtes ils　moururent	je　mourrai tu　mourras il　mourra n.　mourrons v.　mourrez ils　mourront

条 件 法	接 続 法		命 令 法	同型活用の動詞
現　在	現　在	半　過　去	現　在	（注意）
j' emploierais tu emploierais il emploierait n. emploierions v. emploieriez ils emploieraient	j' emploie tu emploies il emploie n. employions v. employiez ils emploient	j' employasse tu employasses il employât n. employassions v. employassiez ils employassent	emploie employons employez	—oyer, —uyer, —ayer の動詞 （e muet の前で y → i. —ayer は 3 型でもよい. また envoyer → 10）
j' enverrais tu enverrais il enverrait n. enverrions v. enverriez ils enverraient	j' envoie tu envoies il envoie n. envoyions v. envoyiez ils envoient	j' envoyasse tu envoyasses il envoyât n. envoyassions v. envoyassiez ils envoyassent	envoie envoyons envoyez	renvoyer （未来, 条・現のみ 9 型と ことなる）
j' irais tu irais il irait n. irions v. iriez ils iraient	j' aille tu ailles il aille n. allions v. alliez ils aillent	j' allasse tu allasses il allât n. allassions v. allassiez ils allassent	va allons allez	
je finirais tu finirais il finirait n. finirions v. finiriez ils finiraient	je finisse tu finisses il finisse n. finissions v. finissiez ils finissent	je finisse tu finisses il finît n. finissions v. finissiez ils finissent	finis finissons finissez	第 2 群規則動詞
je sortirais tu sortirais il sortirait n. sortirions v. sortiriez ils sortiraient	je sorte tu sortes il sorte n. sortions v. sortiez ils sortent	je sortisse tu sortisses il sortît n. sortissions v. sortissiez ils sortissent	sors sortons sortez	partir, dormir, endormir, se repentir, sentir, servir
je courrais tu courrais il courrait n. courrions v. courriez ils courraient	je coure tu coures il coure n. courions v. couriez ils courent	je courusse tu courusses il courût n. courussions v. courussiez ils courussent	cours courons courez	accourir, parcourir, secourir
je fuirais tu fuirais il fuirait n. fuirions v. fuiriez ils fuiraient	je fuie tu fuies il fuie n. fuyions v. fuyiez ils fuient	je fuisse tu fuisses il fuît n. fuissions v. fuissiez ils fuissent	fuis fuyons fuyez	s'enfuir
je mourrais tu mourrais il mourrait n. mourrions v. mourriez ils mourraient	je meure tu meures il meure n. mourions v. mouriez ils meurent	je mourusse tu mourusses il mourût n. mourussions v. mourussiez ils mourussent	meurs mourons mourez	

不 定 形 分 詞 形	直　　説　　法			
	現　　在	半　過　去	単　純　過　去	単　純　未　来
17. venir 来る venant venu	je　viens tu　viens il　vient n.　venons v.　venez ils　viennent	je　venais tu　venais il　venait n.　venions v.　veniez ils　venaient	je　vins tu　vins il　vint n.　vînmes v.　vîntes ils　vinrent	je　viendrai tu　viendras il　viendra n.　viendrons v.　viendrez ils　viendront
18. offrir 贈る offrant offert	j'　offre tu　offres il　offre n.　offrons v.　offrez ils　offrent	j'　offrais tu　offrais il　offrait n.　offrions v.　offriez ils　offraient	j'　offris tu　offris il　offrit n.　offrîmes v.　offrîtes ils　offrirent	j'　offrirai tu　offriras il　offrira n.　offrirons v.　offrirez ils　offriront
19. descendre 降りる descendant descendu	je　descends tu　descends il　descend n.　descendons v.　descendez ils　descendent	je　descendais tu　descendais il　descendait n.　descendions v.　descendiez ils　descendaient	je　descendis tu　descendis il　descendit n.　descendîmes v.　descendîtes ils　descendirent	je　descendrai tu　descendras il　descendra n.　descendrons v.　descendrez ils　descendront
20. mettre 置く mettant mis	je　mets tu　mets il　met n.　mettons v.　mettez ils　mettent	je　mettais tu　mettais il　mettait n.　mettions v.　mettiez ils　mettaient	je　mis tu　mis il　mit n.　mîmes v.　mîtes ils　mirent	je　mettrai tu　mettras il　mettra n.　mettrons v.　mettrez ils　mettront
21. battre 打つ battant battu	je　bats tu　bats il　bat n.　battons v.　battez ils　battent	je　battais tu　battais il　battait n.　battions v.　battiez ils　battaient	je　battis tu　battis il　battit n.　battîmes v.　battîtes ils　battirent	je　battrai tu　battras il　battra n.　battrons v.　battrez ils　battront
22. suivre ついて行く suivant suivi	je　suis tu　suis il　suit n.　suivons v.　suivez ils　suivent	je　suivais tu　suivais il　suivait n.　suivions v.　suiviez ils　suivaient	je　suivis tu　suivis il　suivit n.　suivîmes v.　suivîtes ils　suivirent	je　suivrai tu　suivras il　suivra n.　suivrons v.　suivrez ils　suivront
23. vivre 生きる vivant vécu	je　vis tu　vis il　vit n.　vivons v.　vivez ils　vivent	je　vivais tu　vivais il　vivait n.　vivions v.　viviez ils　vivaient	je　vécus tu　vécus il　vécut n.　vécûmes v.　vécûtes ils　vécurent	je　vivrai tu　vivras il　vivra n.　vivrons v.　vivrez ils　vivront
24. écrire 書く écrivant écrit	j'　écris tu　écris il　écrit n.　écrivons v.　écrivez ils　écrivent	j'　écrivais tu　écrivais il　écrivait n.　écrivions v.　écriviez ils　écrivaient	j'　écrivis tu　écrivis il　écrivit n.　écrivîmes v.　écrivîtes ils　écrivirent	j'　écrirai tu　écriras il　écrira n.　écrirons v.　écrirez ils　écriront

条　件　法		接　　続　　法			命　令　法	同型活用の動詞 （注意）
現　　在		現　　在		半　過　去	現　　在	
je viendrais tu viendrais il viendrait n. viendrions v. viendriez ils viendraient		je vienne tu viennes il vienne n. venions v. veniez ils viennent		je vinsse tu vinsses il vînt n. vinssions v. vinssiez ils vinssent	viens venons venez	convenir, devenir, provenir, revenir, se souvenir ; tenir, appartenir, maintenir, obtenir, retenir, soutenir
j' offrirais tu offrirais il offrirait n. offririons v. offririez ils offriraient		j' offre tu offres il offre n. offrions v. offriez ils offrent		j' offrisse tu offrisses il offrît n. offrissions v. offrissiez ils offrissent	offre offrons offrez	couvrir, découvrir, ouvrir, souffrir
je descendrais tu descendrais il descendrait n. descendrions v. descendriez ils descendraient		je descende tu descendes il descende n. descendions v. descendiez ils descendent		je descendisse tu descendisses il descendît n. descendissions v. descendissiez ils descendissent	descends descendons descendez	attendre, défendre, rendre, entendre, perdre, prétendre, répondre, tendre, vendre
je mettrais tu mettrais il mettrait n. mettrions v. mettriez ils mettraient		je mette tu mettes il mette n. mettions v. mettiez ils mettent		je misse tu misses il mît n. missions v. missiez ils missent	mets mettons mettez	admettre, commettre, permettre, promettre, remettre, soumettre
je battrais tu battrais il battrait n. battrions v. battriez ils battraient		je batte tu battes il batte n. battions v. battiez ils battent		je battisse tu battisses il battît n. battissions v. battissiez ils battissent	bats battons battez	abattre, combattre
je suivrais tu suivrais il suivrait n. suivrions v. suivriez ils suivraient		je suive tu suives il suive n. suivions v. suiviez ils suivent		je suivisse tu suivisses il suivît n. suivissions v. suivissiez ils suivissent	suis suivons suivez	poursuivre
je vivrais tu vivrais il vivrait n. vivrions v. vivriez ils vivraient		je vive tu vives il vive n. vivions v. viviez ils vivent		je vécusse tu vécusses il vécût n. vécussions v. vécussiez ils vécussent	vis vivons vivez	
j' écrirais tu écrirais il écrirait n. écririons v. écririez ils écriraient		j' écrive tu écrives il écrive n. écrivions v. écriviez ils écrivent		j' écrivisse tu écrivisses il écrivît n. écrivissions v. écrivissiez ils écrivissent	écris écrivons écrivez	décrire, inscrire

不　定　形 分　詞　形	直　　説　　法			
	現　　在	半　過　去	単　純　過　去	単　純　未　来
25. connaître 知っている connaissant connu	je　connais tu　connais il　connaît n.　connaissons v.　connaissez ils　connaissent	je　connaissais tu　connaissais il　connaissait n.　connaissions v.　connaissiez ils　connaissaient	je　connus tu　connus il　connut n.　connûmes v.　connûtes ils　connurent	je　connaîtrai tu　connaîtras il　connaîtra n.　connaîtrons v.　connaîtrez ils　connaîtront
26. naître 生まれる naissant né	je　nais tu　nais il　naît n.　naissons v.　naissez ils　naissent	je　naissais tu　naissais il　naissait n.　naissions v.　naissiez ils　naissaient	je　naquis tu　naquis il　naquit n.　naquîmes v.　naquîtes ils　naquirent	je　naîtrai tu　naîtras il　naîtra n.　naîtrons v.　naîtrez ils　naîtront
27. conduire みちびく conduisant conduit	je　conduis tu　conduis il　conduit n.　conduisons v.　conduisez ils　conduisent	je　conduisais tu　conduisais il　conduisait n.　conduisions v.　conduisiez ils　conduisaient	je　conduisis tu　conduisis il　conduisit n.　conduisîmes v.　conduisîtes ils　conduisirent	je　conduirai tu　conduiras il　conduira n.　conduirons v.　conduirez ils　conduiront
28. suffire 足りる suffisant suffi	je　suffis tu　suffis il　suffit n.　suffisons v.　suffisez ils　suffisent	je　suffisais tu　suffisais il　suffisait n.　suffisions v.　suffisiez ils　suffisaient	je　suffis tu　suffis il　suffit n.　suffîmes v.　suffîtes ils　suffirent	je　suffirai tu　suffiras il　suffira n.　suffirons v.　suffirez ils　suffiront
29. lire 読む lisant lu	je　lis tu　lis il　lit n.　lisons v.　lisez ils　lisent	je　lisais tu　lisais il　lisait n.　lisions v.　lisiez ils　lisaient	je　lus tu　lus il　lut n.　lûmes v.　lûtes ils　lurent	je　lirai tu　liras il　lira n.　lirons v.　lirez ils　liront
30. plaire 気に入る plaisant plu	je　plais tu　plais il　plaît n.　plaisons v.　plaisez ils　plaisent	je　plaisais tu　plaisais il　plaisait n.　plaisions v.　plaisiez ils　plaisaient	je　plus tu　plus il　plut n.　plûmes v.　plûtes ils　plurent	je　plairai tu　plairas il　plaira n.　plairons v.　plairez ils　plairont
31. dire 言う disant dit	je　dis tu　dis il　dit n.　disons v.　dites ils　disent	je　disais tu　disais il　disait n.　disions v.　disiez ils　disaient	je　dis tu　dis il　dit n.　dîmes v.　dîtes ils　dirent	je　dirai tu　diras il　dira n.　dirons v.　direz ils　diront
32. faire する faisant [fəzɑ̃] fait	je　fais tu　fais il　fait n.　faisons [fəzɔ̃] v.　faites ils　font	je　faisais [fəzɛ] tu　faisais il　faisait n.　faisions v.　faisiez ils　faisaient	je　fis tu　fis il　fit n.　fîmes v.　fîtes ils　firent	je　ferai tu　feras il　fera n.　ferons v.　ferez ils　feront

条　件　法	接　　続　　法		命　令　法	同型活用の動詞
現　　在	現　　在	半　過　去	現　　在	（注意）
je connaîtrais tu connaîtrais il connaîtrait n. connaîtrions v. connaîtriez ils connaîtraient	je connaisse tu connaisses il connaisse n. connaissions v. connaissiez ils connaissent	je connusse tu connusses il connût n. connussions v. connussiez ils connussent	connais connaissons connaissez	reconnaître ; paraître, apparaître, disparaître （t の前で i → î）
je naîtrais tu naîtrais il naîtrait n. naîtrions v. naîtriez ils naîtraient	je naisse tu naisses il naisse n. naissions v. naissiez ils naissent	je naquisse tu naquisses il naquît n. naquissions v. naquissiez ils naquissent	nais naissons naissez	renaître （t の前で i → î）
je conduirais tu conduirais il conduirait n. conduirions v. conduiriez ils conduiraient	je conduise tu conduises il conduise n. conduisions v. conduisiez ils conduisent	je conduisisse tu conduisisses il conduisît n. conduisissions v. conduisissiez ils conduisissent	conduis conduisons conduisez	introduire, produire, traduire ; construire, détruire
je suffirais tu suffirais il suffirait n. suffirions v. suffiriez ils suffiraient	je suffise tu suffises il suffise n. suffisions v. suffisiez ils suffisent	je suffisse tu suffisses il suffît n. suffissions v. suffissiez ils suffissent	suffis suffisons suffisez	
je lirais tu lirais il lirait n. lirions v. liriez ils liraient	je lise tu lises il lise n. lisions v. lisiez ils lisent	je lusse tu lusses il lût n. lussions v. lussiez ils lussent	lis lisons lisez	élire, relire
je plairais tu plairais il plairait n. plairions v. plairiez ils plairaient	je plaise tu plaises il plaise n. plaisions v. plaisiez ils plaisent	je plusse tu plusses il plût n. plussions v. plussiez ils plussent	plais plaisons plaisez	déplaire, taire （ただし taire の直・現・ 3 人称単数 il tait）
je dirais tu dirais il dirait n. dirions v. diriez ils diraient	je dise tu dises il dise n. disions v. disiez ils disent	je disse tu disses il dît n. dissions v. dissiez ils dissent	dis disons dites	redire
je ferais tu ferais il ferait n. ferions v. feriez ils feraient	je fasse tu fasses il fasse n. fassions v. fassiez ils fassent	je fisse tu fisses il fît n. fissions v. fissiez ils fissent	fais faisons faites	défaire, refaire, satisfaire

不 定 形 分 詞 形	直　　説　　法			
	現　　在	半　過　去	単　純　過　去	単　純　未来
33. rire 笑う riant ri	je　ris tu　ris il　rit n.　rions v.　riez ils　rient	je　riais tu　riais il　riait n.　riions v.　riiez ils　riaient	je　ris tu　ris il　rit n.　rîmes v.　rîtes ils　rirent	je　rirai tu　riras il　rira n.　rirons v.　rirez ils　riront
34. croire 信じる croyant cru	je　crois tu　crois il　croit n.　croyons v.　croyez ils　croient	je　croyais tu　croyais il　croyait n.　croyions v.　croyiez ils　croyaient	je　crus tu　crus il　crut n.　crûmes v.　crûtes ils　crurent	je　croirai tu　croiras il　croira n.　croirons v.　croirez ils　croiront
35. craindre おそれる craignant craint	je　crains tu　crains il　craint n.　craignons v.　craignez ils　craignent	je　craignais tu　craignais il　craignait n.　craignions v.　craigniez ils　craignaient	je　craignis tu　craignis il　craignit n.　craignîmes v.　craignîtes ils　craignirent	je　craindrai tu　craindras il　craindra n.　craindrons v.　craindrez ils　craindront
36. prendre とる prenant pris	je　prends tu　prends il　prend n.　prenons v.　prenez ils　prennent	je　prenais tu　prenais il　prenait n.　prenions v.　preniez ils　prenaient	je　pris tu　pris il　prit n.　prîmes v.　prîtes ils　prirent	je　prendrai tu　prendras il　prendra n.　prendrons v.　prendrez ils　prendront
37. boire 飲む buvant bu	je　bois tu　bois il　boit n.　buvons v.　buvez ils　boivent	je　buvais tu　buvais il　buvait n.　buvions v.　buviez ils　buvaient	je　bus tu　bus il　but n.　bûmes v.　bûtes ils　burent	je　boirai tu　boiras il　boira n.　boirons v.　boirez ils　boiront
38. voir 見る voyant vu	je　vois tu　vois il　voit n.　voyons v.　voyez ils　voient	je　voyais tu　voyais il　voyait n.　voyions v.　voyiez ils　voyaient	je　vis tu　vis il　vit n.　vîmes v.　vîtes ils　virent	je　verrai tu　verras il　verra n.　verrons v.　verrez ils　verront
39. asseoir 座らせる asseyant assoyant assis	j'　assieds tu　assieds il　assied n.　asseyons v.　asseyez ils　asseyent j'　assois tu　assois il　assoit n.　assoyons v.　assoyez ils　assoient	j'　asseyais tu　asseyais il　asseyait n.　asseyions v.　asseyiez ils　asseyaient j'　assoyais tu　assoyais il　assoyait n.　assoyions v.　assoyiez ils　assoyaient	j'　assis tu　assis il　assit n.　assîmes v.　assîtes ils　assirent	j'　assiérai tu　assiéras il　assiéra n.　assiérons v.　assiérez ils　assiéront j'　assoirai tu　assoiras il　assoira n.　assoirons v.　assoirez ils　assoiront

条 件 法	接 続 法		命 令 法	同型活用の動詞 (注意)
現　在	現　在	半　過　去	現　在	
je rirais tu rirais il rirait n. ririons v. ririez ils riraient	je rie tu ries il rie n. riions v. riiez ils rient	je risse tu risses il rît n. rissions v. rissiez ils rissent	ris rions riez	sourire
je croirais tu croirais il croirait n. croirions v. croiriez ils croiraient	je croie tu croies il croie n. croyions v. croyiez ils croient	je crusse tu crusses il crût n. crussions v. crussiez ils crussent	crois croyons croyez	
je craindrais tu craindrais il craindrait n. craindrions v. craindriez ils craindraient	je craigne tu craignes il craigne n. craignions v. craigniez ils craignent	je craignisse tu craignisses il craignît n. craignissions v. craignissiez ils craignissent	crains craignons craignez	plaindre ; atteindre, éteindre, peindre; joindre, rejoindre
je prendrais tu prendrais il prendrait n. prendrions v. prendriez ils prendraient	je prenne tu prennes il prenne n. prenions v. preniez ils prennent	je prisse tu prisses il prît n. prissions v. prissiez ils prissent	prends prenons prenez	apprendre, comprendre, surprendre
je boirais tu boirais il boirait n. boirions v. boiriez ils boiraient	je boive tu boives il boive n. buvions v. buviez ils boivent	je busse tu busses il bût n. bussions v. bussiez ils bussent	bois buvons buvez	
je verrais tu verrais il verrait n. verrions v. verriez ils verraient	je voie tu voies il voie n. voyions v. voyiez ils voient	je visse tu visses il vît n. vissions v. vissiez ils vissent	vois voyons voyez	revoir
j' assiérais tu assiérais il assiérait n. assiérions v. assiériez ils assiéraient	j' asseye tu asseyes il asseye n. asseyions v. asseyiez ils asseyent	j' assisse tu assisses il assît n. assissions v. assissiez ils assissent	assieds asseyons asseyez	（代名詞 s'asseoir と して用いられることが 多い．下段は俗語調）
j' assoirais tu assoirais il assoirait n. assoirions v. assoiriez ils assoiraient	j' assoie tu assoies il assoie n. assoyions v. assoyiez ils assoient		assois assoyons assoyez	

不 定 形 分 詞 形	直　　　説　　　法			
	現　　　在	半　過　去	単 純 過 去	単 純 未 来
40. recevoir 受取る recevant reçu	je　reçois tu　reçois il　reçoit n.　recevons v.　recevez ils　reçoivent	je　recevais tu　recevais il　recevait n.　recevions v.　receviez ils　recevaient	je　reçus tu　reçus il　reçut n.　reçûmes v.　reçûtes ils　reçurent	je　recevrai tu　recevras il　recevra n.　recevrons v.　recevrez ils　recevront
41. devoir ねばならぬ devant dû, due dus, dues	je　dois tu　dois il　doit n.　devons v.　devez ils　doivent	je　devais tu　devais il　devait n.　devions v.　deviez ils　devaient	je　dus tu　dus il　dut n.　dûmes v.　dûtes ils　durent	je　devrai tu　devras il　devra n.　devrons v.　devrez ils　devront
42. pouvoir できる pouvant pu	je　peux (puis) tu　peux il　peut n.　pouvons v.　pouvez ils　peuvent	je　pouvais tu　pouvais il　pouvait n.　pouvions v.　pouviez ils　pouvaient	je　pus tu　pus il　put n.　pûmes v.　pûtes ils　purent	je　pourrai tu　pourras il　pourra n.　pourrons v.　pourrez ils　pourront
43. vouloir のぞむ voulant voulu	je　veux tu　veux il　veut n.　voulons v.　voulez ils　veulent	je　voulais tu　voulais il　voulait n.　voulions v.　vouliez ils　voulaient	je　voulus tu　voulus il　voulut n.　voulûmes v.　voulûtes ils　voulurent	je　voudrai tu　voudras il　voudra n.　voudrons v.　voudrez ils　voudront
44. savoir 知っている sachant su	je　sais tu　sais il　sait n.　savons v.　savez ils　savent	je　savais tu　savais il　savait n.　savions v.　saviez ils　savaient	je　sus tu　sus il　sut n.　sûmes v.　sûtes ils　surent	je　saurai tu　sauras il　saura n.　saurons v.　saurez ils　sauront
45. valoir 価値がある valant valu	je　vaux tu　vaux il　vaut n.　valons v.　valez ils　valent	je　valais tu　valais il　valait n.　valions v.　valiez ils　valaient	je　valus tu　valus il　valut n.　valûmes v.　valûtes ils　valurent	je　vaudrai tu　vaudras il　vaudra n.　vaudrons v.　vaudrez ils　vaudront
46. falloir 必要である — fallu	il　faut	il　fallait	il　fallut	il　faudra
47. pleuvoir 雨が降る pleuvant plu	il　pleut	il　pleuvait	il　plut	il　pleuvra

条 件 法	接 続 法		命 令 法	同型活用の動詞
現　在	現　在	半　過　去	現　在	（注意）
je recevrais tu recevrais il recevrait n. recevrions v. recevriez ils recevraient	je reçoive tu reçoives il reçoive n. recevions v. receviez ils reçoivent	je reçusse tu reçusses il reçût n. reçussions v. reçussiez ils reçussent	reçois recevons recevez	apercevoir, concevoir
je devrais tu devrais il devrait n. devrions v. devriez ils devraient	je doive tu doives il doive n. devions v. deviez ils doivent	je dusse tu dusses il dût n. dussions v. dussiez ils dussent		（過去分詞は du＝de＋ le と区別するために男 性単数のみ dû と綴る）
je pourrais tu pourrais il pourrait n. pourrions v. pourriez ils pourraient	je puisse tu puisses il puisse n. puissions v. puissiez ils puissent	je pusse tu pusses il pût n. pussions v. pussiez ils pussent		
je voudrais tu voudrais il voudrait n. voudrions v. voudriez ils voudraient	je veuille tu veuilles il veuille n. voulions v. vouliez ils veuillent	je voulusse tu voulusses il voulût n. voulussions v. voulussiez ils voulussent	veuille veuillons veuillez	
je saurais tu saurais il saurait n. saurions v. sauriez ils sauraient	je sache tu saches il sache n. sachions v. sachiez ils sachent	je susse tu susses il sût n. sussions v. sussiez ils sussent	sache sachons sachez	
je vaudrais tu vaudrais il vaudrait n. vaudrions v. vaudriez ils vaudraient	je vaille tu vailles il vaille n. valions v. valiez ils vaillent	je valusse tu valusses il valût n. valussions v. valussiez ils valussent		
il faudrait	il faille	il fallût		
il pleuvrait	il pleuve	il plût		

三訂版　グラメール アクティーヴ
―文法で複言語・複文化―

検印省略	©2020 年 1 月 15 日　初 版 発 行
	2024 年 3 月　1 日　第 3 刷発行

著　者	大　木　　　充
	西　山　教　行
	ジャン=フランソワ グラヅィアニ
発行者	原　　雅　久
発行所	株式会社 朝 日 出 版 社
	〒101-0065 東京都千代田区西神田 3-3-5
	電話 (03) 3239-0271・72（直通）
	振替口座　東京　00140-2-46008
	メディアアート

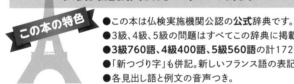